KB206224

다르마의 향기

물이 물거품처럼 허무하고
마음이 아지랑이처럼 실체 없음을 깨닫는다면
그는 능히 꽃대 같은 감각적 쾌락의 화살을 꺾으리니
죽음의 왕도 그를 보지 못한다

아름다운 꽃을 찾아 헤메이듯
마음이 감각적 쾌락에 빠져 있는 자를
죽음은 먼저 앗아가 버린다
그가 쾌락에 채 만족하기도 전에

아름답고 향기도 높은 꽃이
그것을 가진 사람에게 미와 향기를 주듯
부처님에 의해 잘 설해진 다르마(法)를
실천 수행하면 많은 이익이 있다

<법구경>

〔지장보살입상도〕

지장기도법

솔학

머리말

　미타신앙, 관음신앙, 지장신앙을 일컬어 불교의 3대 신앙이라 일컫습니다. 3대 신앙 중에서도 우리의 죽음과 소원성취와 범부를 성인으로 지옥을 극락으로 바꾸어 대 해탈도 하는데 도움을 주신 지장보살마하살, 자비광명과 위 신력이 백천만억 항하의 모래 수로도 비유할 수 없는, 분신 지장보살이 온 우주법계에 넘치고 있으며 자신의 생명을 진리 본연의 생명으로 회복시키는 기도, 그 기도를 통하여 우리 스스로 지장보살의 분신이 되고 지장보살의 큰 위 신력으로 힘을 얻어 가피 받아서 소원을 성취할 수 있으니, 나와 남을 구별하지 않고 우주본체가 하나임을 알아야 될 것입니다.

　아무쪼록 먼저 가신 영혼들을 위하여 경을 독송하고 염불하며 애착과 미혹의 그물에서도 걸리지 않는 바람처럼 벗어나서 깨달음의 광명천지를 맞이하도록 노력하는 것이 우리의 참모습이 아닐까 합니다.

- 스님 글 중에서 -
2544년 6월

목 차

제1편
지장기도법

제1편
지장기도법

제1장

지장기도
시간과 주의사항

지장기도 시간표 작성

　표준 기도시간이 반드시 정해져 있는 것은 아니지만 규칙적인 기도시간은 오히려 원을 세우든가 아니면 일체중생과 다겁생의 죄업을 지성으로 참회할 수가 있습니다.

　오전　04 : 00 ~ 06 : 00 기상 및 기도
　　　　06 : 00 ~ 06 : 30 휴식
　　　　06 : 30 ~ 07 : 00 아침 식사
　　　　07 : 00 ~ 09 : 00 휴식 및 세면
　　　　09 : 00 ~ 11 : 00 기도
　　　　11 : 00 ~ 11 : 30 휴식
　　　　11 : 30 ~ 12 : 00 점심 식사

　오후　12 : 00 ~ 02 : 00 휴식
　　　　02 : 00 ~ 04 : 00 기도
　　　　04 : 00 ~ 05 : 00 세면
　　　　05 : 00 ~ 07 : 00 휴식 및 저녁 식사
　　　　07 : 00 ~ 09 : 00 기도
　　　　09 : 00 ~ 10 : 00 휴식
　　　　10 : 00 ~ 04 : 00 취침(꿈나라)

월	화	수	목	금	토	일
1일	2일	3일	4일	5일	6일	7일

★ 먼저 지장기도하기 전에. 좋은 날짜를 택하여 기도 시간표를 도표와 같이 그려서 손쉽게 볼 수 있는 곳에 붙여 놓고 기도하면 좋습니다.

★ 기도는 보통 7일 21일 100일기도가 있습니다. 가능한 자기신심과 일과 수행으로 하시되 날짜를 정해놓고 하시면 좋습니다. 처음에는 3일 7일 14일 21일 49일 기도를 하고, 그 다음에는 백일, 천일, 기도를 해나가게 되면 무리 없이 할 수 있습니다. 7일 기도 같으면 5일을 넘기기가 어렵고 21일 같으면 7일을 넘기기가 어렵고, 100일기도 같으면 21일을 넘기기가 어렵다고 합니다. 신심과 원력을 가지고 기도하면 좋은 성과가 있을 것입니다.

기도처에서 주의할 사항

★ 기도할 때 꼭 한 두 명이 박자를 못 맞추고 큰소리로 기도하는 불자 님이 계시는데, 여럿이 기도할 때는 스님의 목탁소리에 박자를 맞춰 기도를 해 주셨으면 좋겠습니다. 여럿이서 한마음이 되어 정신을 집중하면 기도가 더욱더 잘 됩니다. 이렇게 여럿이서 한 마음이 되어 정신 집중하는 것을 집단 삼매라고 합니다. 그런데 한, 두 명이 방해를 하는 사람이 있습니다. 여럿이 기도 할 때는 같이 박자에 맞춰 기도를 해 줬으면 고맙겠습니다.

★ 향로에 향을 많이 피우는 불자님이 계시는데 향은 하나만 피워주십시오.

향을 많이 피우면 스님이 목이 잠겨 기도를 할 수 없습니다.

★ 스님이 기도하고 있는데 부처님 정중앙에 와서 큰절을 하는 불자님이 있습니다. 스님이 기도 할 때는 기도가 방해되지 않도록 해 주십시오.

★ 법당에 와서 부처님께 과일, 떡 올린다고 스님이 기도하고 있는데 시끄럽게 하는 사람이 있는데 기도 할 때 조용히 해주셔야 합니다.

★ 법당에서는 핸드폰 사용이나 기도에 방해되는 일체의 소음은 금지해 주셔야 합니다.

제2장

지장보살 십선계

마음 닦는 길

지장보살 십선계
- 마음 닦는 길 -

1. 나는 살생하지 않는 수행을 통해서 그 공덕으로 사람들이 건강하게 오래 살기를 염원하리라.

2. 나는 도둑질을 하지 않는 수행을 통해서 그 공덕으로 사람들이 필요로 하는 재물을 얻을 수 있기를 염원하리라.

3. 나는 음란한 짓을 하지 않는 수행을 통해서 그 공덕으로 사람들의 몸과 마음에 기갈이 생기지 않기를 염원하리라.

4. 나는 속이지 않는 수행을 통해서
   그 공덕으로 사람들이 진실을 말하
   고 마음의 평정을 얻기를 염원하리라.

5. 나는 이간질을 하지 않는 수행을
   통해서 그 공덕으로 사람들이 항상
   화합하여 기쁨을 나누기를 염원하
   리라.

6. 나는 나쁜 말을 하지 않는 수행을
   통해서 그 공덕으로 사람들의 마음
   이 평안하여 산란해지지 않기를 염
   원하리라.

7. 나는 잡담하지 않는 수행을 통해서
   그 공덕으로 사람들이 여러 가지
   곤란을 당하는 일이 없기를 염원하
   리라.

8. 나는 탐내지 않는 수행을 통해서
    그 공덕으로 사람들이 마음의 방향
    을 멈추고 진실한 평안을 얻기를
    염원하리라.
9. 나는 성내지 않는 수행을 통해서
    그 공덕으로 사람들이 서로 용서하
    고 자비를 베풀 것을 염원하리라.

10. 나는 어리석은 짓을 하지 않는 수
    행을 통해서 그 공덕으로 사람들이
    인과를 무시하는 그릇된 생각이 생
    기지 않기를 염원하리라.

제3장

기도하는
구체적인 방법

지장기도를 할 경우의
구체적인 방법

기도방법을 택할 경우는 기도하는 사람마다 차이가 있을 수 있습니다.

① 가령 '지장보살' 본원경 전문을 처음부터 끝까지 획 독수에 구애받음이 없이 독송이 가능합니다.

② '나무지장보살' 명호를 기도 중에 염불하듯 계속해서 불러도 됩니다.

③ '지장보살' 예찬문을 외우거나 축원해도 좋습니다.

④ 그리고 날짜는 가능한 7일 간격으로

이어서 하면 좋고, 7일, 3·7일, 7·7
일 방법으로 해도 좋습니다. 기도 중
에 본체에 구별하지 말고 우주와 나
를 하나로 보면 됩니다.

지장기도는 누가 뭐라 해도
간절한 마음 하나면 그만입니다

"법을 보는 자 나를 보고, 나를 보는 자 법을 본다." 고 부처님께서는 말씀하셨습니다. 그야말로 모양도 형상도 없는 진리 그 자체인 것입니다. 관세음보살 또는 지장보살 기도는 자기가 바라는 소원이 있어서 기도하게 됩니다. 이와 같이 원인에 대한 결과는 부처님과 같은 삼매를 증득 하였다는 점입니다. 또한 상구보리 하화중생上求菩提 下化衆生을 실천한다는 것입니다. 자신만이 해탈하는 것이 아니라 자신보다 못한 중생을 해탈의 길로 인도하는 것이 의무이셨습니다. 그러나 지장보살께서는 오직 중생의 해탈과 성불만을 위해서 하화중생의 길만 걸으신 것입니다.

예를 들면 사업이 잘 안 된다든가, 몸이 아프다든가, 자기가 하고자 하는 일이 잘 안될 때, 지장보살님께 지옥중생 구제와 영가천도, 업장소멸, 모든 중생이 부처로 바꾸어 주시라고 빌어보는 것입니다. 근본경전이나 대승경전 중 많은 부분에서 강조하고 있습니다만 기도 시 처음에는 합장하고 귀의불, 귀의법 귀의승을 염하면서 3배합니다. 즉 나무불, 나무법, 나무 승이야말로 빼놓을 수 없는 신앙의 구심점입니다. 그리고 염불은 항상 무심으로 해야 합니다. 소원이 있는데 자기 뜻대로 잘 안될 때, 중생의 잘못된 삶과 생각 의식을 참회하고 보다 거룩한 삶과 자신의 잘못된 삶의 생각 의식을 참회하면서 보다 좋은 내생을 불보살님께 의지해서 자신이 원하는 바를 기도하면 되는 것입니다. 기도를 통하여 가피를 입어 소원을 성취하고 행복하고 복된 삶을 누리는데 큰 비중을 두고 있는 것입니다.

지장보살님의 위 신력이 곧 우리의 소원을 다른 말로 하면 「원력」이라고도 표현할 수 있습니다. 자기가 무슨 일을 해야겠다고 마음먹은 것, 그것이 곧 원력인 것입니다. 예컨대 자신이 불쌍한 이웃을 돕겠다던가 아니면 불교 병원을 세워 병든 이를 낫게 하겠다던가 하는 것이 다 자기의 원력인 것입니다. 그래서 스님들이 보통 하는 말이 스님께서 "한번 원력을 세워서 기도해 보십시오." 하고 흔히들 말합니다.

여기에서 원력이 아주 중요합니다. 원력을 세워 기도하는 것도 남 보기 좋게 가식적으로 할 수 있고, 진실로 내 마음에서 우러나서 하는 것이 있습니다. 거짓으로 하면 아무리 기도해도 밑 빠진 독에 물 붓기의 형식에 불과한 것입니다. 그냥 허송세월만 보내고, 결국 힘만 드는 것입니다.

기도를 할 때 진실로 내 마음에서 우러나서 간절하게 기도하게 되면, 틀림없이 불보살님의 가피를 받을 것입니다. 요즈음은 거짓이 많은 세상이라 남을 속이고 남을 이용하면서 살아가는 황금만능주의 세상에 살고 있어서, 진짜 자기 자신의 마음을 잃어버리고 살고 있습니다.

정말 자기 자신의 진실한 마음으로 한번 기도해 보셨으면 합니다. 또 다른 세상이 있다는 것을 한번 느껴보고 새로운 삶을 살아 갈 수도 있습니다.

어려울 때 기도를 하는 것이 가장 잘되는 것입니다. 어려울 때 지푸라기도 잡을 심정으로 지장보살님께 정성스러운 마음으로 기도를 해 보십시오. 또한 염

불의식 중에 빼놓지 않고 있는 참회 기
원문을 알아두어야겠습니다.

원멸사생육도법계유정
願 滅 四 生 六 道 法 界 有 情

다겁생래죄업장
多 劫 生 來 罪 業 障

아금참회계수례
我 今 懺 悔 稽 首 禮

원제죄장실소제
願 諸 罪 障 悉 消 除

세세상행보살도
世 世 常 行 菩 薩 道

우리나라 절이 얼마나 많이 있습니까?
절에 와서 절 일도 돕고, 기도도 하고 그
러면 얼마나 좋겠습니까. 우리가 70년대
80년대 90년대 들어서면서 앞만 보고 달

려왔습니다. 어느 것이 진짜인지 어느 것이 가짜인지 도무지 모른 채 하루하루를 허덕이면서 살아가고 있습니다. 이렇게 허덕이고 살아가고 있어서 사회는 점점 어두워져서 남의 것을 빼앗고, 남을 속이고 싸우고 하는 것입니다. 과연 우리가 지금 어디서 왔다가 어디로 가고 있는 것인지 정말로 안타깝습니다.

요즈음 언론과 매스컴을 접해 보면 정말로 안타까운 일이 많이 생기고 있습니다. 사업이 부도가 나서 가정불화가 일어나는 일과, 다른 한편으로는 물질만능주의로 인한 도덕과 윤리의 타락으로 인해 부조화 현상이 나타나고 있음을 볼 때, 정말로 안타까운 마음, 우리를 슬프게 합니다. 저는 이렇게 생각합니다. 정말로 죽을 용기가 있으면 그 용기를 되돌려서 기도를 한번 해보라고 말입니다. 슬픔이 기쁨으로 불행이 행복으로 바뀔 것입니다. 여러분이 만약에 죽을 용기가 있으면 무슨 일을 못하겠습니까. 그런 마음으로 불보살님께 기도하면 위 신력이 찬란한 태양처럼 걸림 없는 위력으로 자신들에게 미치게 되는 것입니다. 지장보살님께 한번 기도해 보십시오.

그렇게 해서 기도가 안 되면 될 때까지 7전8기로 하는 것입니다. 기도하다가 설사 죽게 되더라도 다르게 비참하게 죽는 것 보다 몇 천배 나을 것입니다. 기도를 하다 죽으면 다음 생에는 기도를 하는 곳에 태어난다고 합니다. 그럼 또 기도를 하게 되니 얼마나 좋은 일입니까. 그러므로 용기를 내어 한 번 진실된 원력을 세워서 간절한 마음으로 소원을 빌어 보시길 바랍니다.

간절한 마음으로 부처님을
생각할 때 기도가
이루어지는 것입니다

간절한 마음이 얼마나 오래 지속되느냐가 문제입니다. 부처님의 자비하신 은혜가 충만하고 자신의 현실이라는 믿음이 서 있어야 합니다. 단 몇 분도 안 되어서 헛생각(번뇌, 망상)이 일어나고 몸은 법당에 있으나 마음이 산란하게 된다면 아무 소용이 없습니다. 한 생각이 순간적으로 백년이 가게 지속적으로 하는 것이 중요합니다. 보통 하루에 8시간씩 7일, 21일 기도를 하는 것이 좋습니다. 그런데 8시간씩 기도한다는 것이 정말 힘이 들고 어렵습니다. 법당에서 기도를 하고 있으면, 정신은 집중이 잘 안되고 서

울로 갔다, 미국으로 갔다, 술집으로 갔다 합니다. 여기에서 번뇌, 망상과 싸움이 시작되는 것입니다.

예를 들어 KBS 채널을 맞추려고 기도하면은 자꾸만 MBC 방송이 들어옵니다. 자기는 KBS 채널을 맞추려고 하면, 또 어느새 MBC 방송이 들어오고, 이렇게 계속 번뇌, 망상과 싸움을 시작하는 것입니다. 그래도 끝까지 반복적으로 계속 기도를 해야만 합니다. 생각이 일어날 때 될 수 있으면 그 생각에 따라가지 말고 마치 영화의 화면 속에 필름 돌아가듯이 그냥 내보내야 합니다. 영화를 볼 때 영화의 화면 속에 빠져들어서는 안 됩니다. 마치 감독관처럼 한 장면 필름이 들어오면 그냥 흘러 보내듯이 말입니다. 영화감독은 영화를 자기가 만들었기 때문에 어떤 경계에도 빠져들지 않습니다. 이렇게 반복적으로 계속 기도하다 보면,

이제는 자연스럽게 생각이 일어나 일어난 대로, 생각이 사라지면 사라진 대로 어떤 경계에도 빠져들지 않을 것입니다. 계속해서 반복적으로 해야 합니다. 하루에 8시간씩 7일 정도는 해야 합니다.

이 세상 명이 다하여 목숨을 마친 영가들을 고통에서 구제해 주고 살아있는 중생들까지도 빈곤과 재난과 질병 등 모든 고통으로부터 건져 주고 행복과 평화, 부귀와 공명, 온갖 소원을 성취시켜 주어야 합니다. 임종하는 사람을 위하여 이 경을 읽어주면 죄업이 소멸되고, 새로 태어나는 아기를 위하여 7일 동안 이 지장보살의 명호만 불러 만 번에 이르면 아기가 타고난 숙세의 업보가 다 벗겨져서 안락하게 잘 살 수 있고 그 수명도 증장되어 복력이 말 할 수 없이 수능하다고 하셨습니다.

「지장보살, 지장보살」하면서 지장보살님 명호에 초점을 맞추고 계속 「지장보살, 지장보살」기도를 하게 되면 또 망상이 들어옵니다. 망상이 들어오면 그냥 영화 필름 돌아가듯이 흘려보내고, 다시 지장보살 염불을 하는 것입니다. 지속적으로 지장보살님 명호를 부르면서 정신을 한 군데 집중하는 것입니다. 마치 화살을 쏠 때 과녁에 대고 정신을 집중하듯이 화살을 힘껏 당겨 정중앙에 초점을 맞추고, 초점이 안 맞혀지면 다시 초점을 맞추듯이 하면서 계속 정신을 집중하는 것입니다. 이렇게 해서 간절하게 정신을 집중하다 보면 기도는 저절로 잘되게 되어 있습니다.

앞에서도 말했듯이 기도는 얼마나 간절한 마음이 오래 지속되느냐가 문제입니다. 가령 하루에 두 시간 정도 기도하고 나머지 시간은 다른데 신경을 써버리면 그 만큼 정신이 흩어져 기도가 되지 않고 밑 빠진 독에 물 붓기가 되는 것입니다.

7일 동안은 새가 알을 품듯이 하고, 기도를 한 번 하면 두 시간씩 하고, 기도가 끝나면 잠시 휴식을 취하고, 또 기도 장소에 들어가서 하는 방법으로 해야 하고 절대로 밖으로 나가서는 안 됩니다. 기도 외에는 신문도 보면 안 되고, TV도 보면 안 됩니다. 신문이나 TV를 보면 그 만큼 정신을 빼앗기게 되므로 정신이 소모되는 것입니다. 기도 장소와 화장실, 세면장, 휴식처 외엔 일체 다른 장소에 될 수 있으면 가지 않는 것이 좋습니다. 기도 중일 때는 다른 사람과 대화나 면회를 하면 안 됩니다. 7일 동안 어떠한 일이 있어도 참고 견디어 이겨내야 합니다.

기도를 하게 되면 이상하게도 자꾸만

주위에서 유혹이 밀려오게 됩니다. 놀러 가자고 하고, 맛이 있는 것 먹으로 가자 하고, 영화나 TV도 보고 싶고 신문도 보고 싶고, 평상시에는 별로 관심을 안 가지던 일이 자꾸 나를 방해하게 합니다. 그래도 모든 장애를 극복해서 이겨내야 합니다. 기도를 하루에 8시간씩 하게 되면 처음은 누구나 2, 3일은 따라 합니다. 그러나 5, 6일이 되면 그때부터 온 몸이 쑤시고, 몸도 아프고, 팔도 아프고 합니다. 그래도 모든 것을 참고 이겨내야만 합니다.

한번 7일 기도를 해서 기도를 원만히 회향하면 기분이 뿌듯하실 것입니다. 뭔가 할 수 있다는 용기도 생기고 자부심도 생길 것입니다. 기도는 처음 시작할 때가 제일 힘이 듭니다. 그러나 몇 번 하고 나면 누구나 쉽게 할 수 있는 것이 기도입니다. 여러분이 정말로 진실하게 기도하신 분이라면 7일이 하루 가는 것처럼 짧게 느껴질 것입니다. 그렇지 않은 분은 7일이 70일 가는 것처럼 지루하고 힘들게 느껴지실 것입니다. 진실하게 신심을 내서 기도를 한번 해 보시길 발원합니다. 여러분의 소원이 하나하나 다 이루어져서 불행이 행복으로 바뀔 것입니다.

기도하는 장소는
정신 집중이 잘되는 곳이 좋습니다

　기도하는 장소는 집에서 하든, 절에서 하든 아무 관계가 없습니다. 그러나 집에서 기도를 하게 되게 되면 시끄러워서 정신이 잘 집중이 안 됩니다. 그러므로 정신 집중이 잘되는 곳이 좋습니다. 자기 집이 만약에 조용한 곳이어서 정신 집중이 잘되면 집에서 하는 것이 좋고, 그렇지 않으면 절에서 하는 것이 좋습니다. 중요한 것은 내가 얼마나 간절한 마음과 진실된 마음으로 기도를 하느냐가 문제입니다.

　여러분이 신심과 원력이 있으면 무슨 장소가 문제이겠습니까. 그러나 근기가 하근기인 사람은 장소가 아주 중요합니다. 기도하는 장소가 어지럽고, 시끄럽고 산란하면은 집중력이 그 만큼 떨어지게 되어 있습니다. 저는 기도 할 때 아무도 오지 않은 절에서 혼자서 조용히 하기를 권해 드립니다.

혼자서 기도를 하면 그 만큼 내 자신과 싸움에서 내 근기도 실험할 수 있고 진정한 나만의 시간을 가질 수 있어서 좋습니다. 그러나 여러 사람이 있는 곳에서 기도하게 되면 그 만큼 남들 눈을 의식하게 되고, 남들과 비교하는 마음이 생겨서 진짜 기도가 안 될 때도 있습니다.

기도를 할 때는
계율을 지켜주십시오

기도를 할 때는 반드시 계율을 지켜야 합니다. 십 악업과 오역죄를 짓지 말아야 합니다. 십선은 악을 그치고 선을 행하는 계이기 때문에 십선계라고 합니다. 또한 십지과위十地果位의 뜻을 잊어서는 안 됩니다. 십지과위란 보살이 수행하여 성불에 이르기까지에는 52계위가 존재합니다. 즉 십신, 십주, 십행, 십회향, 십지, 등각, 묘각입니다. 십신은 바른 법에 대한 믿음이 확립되는 단계이고, 십주는 마음이 참된 이치에 부합하여 안정되는 단계이고, 십행은 중생을 교화하는 보살행을 적극적으로 실천하는 과정이고, 십회향은 모든 수행한 공덕을 일체 중생들에게 돌려서 그들이 해탈하기를 원하는 과정이고, 십지는 말하고자 하는 십지과위인데 이 자리에 오른 보살은 마치 대지와 같아서 낳고 기르는 능력과 덕을 갖추었고 관대하고 후중하여 움직임이 없으므로 지_地라 이름 한 것입니다.

　살생을 한다든가, 음행을 한다든가, 도둑질을 한다든가, 술을 먹는다든가, 거짓말을 한다든가, 나쁜 말, 탐욕, 성냄, 어리석음, 이간질을 한다든가, 정신을 흐리게 하는 모든 요소가 기도를 하는데 장애가 되고, 음식도 적당한 양을 먹어야 하고, 냄새가 심하게 나는 음식은 먹지 말아야하며, 특히 금욕해야할 음식은 기도 시 삼가야 합니다. 음식도 내 몸에 적당히 먹고 부담 가지 않을 정도로 먹어 주면 좋습니다. 음식을 함부로 먹고 과식을 하고 기도하면 그 만큼 음식을 소화하느라 에너지가 소비됩니다.

그래서 적당량과 적당한 운동으로 몸을 건강하게 하면서 기도를 해야 합니다. 기도를 할 때는 힘이 많이 들기 때문에 잘 먹어야 합니다. 여기에서 잘 먹어야 한다는 것은 음식을 많이 먹는 것이 아니라 영양 섭취를 골고루 하면서 몸을 튼튼하게 하고 기도를 해야 그 만큼 정신 집중이 잘 된다는 것입니다. 계율을 어기면서 기도하면 아무 소용이 없겠지요. 계율을 어기면서 기도하면 밑 빠진 독에 물 붓기처럼 물을 가득 채울 수가 없습니다. 하루하루 물을 항아리에 가득 채우듯이 간절한 마음으로 기도 하다보면 어느새 항아리에 물이 가득 차서 기도를 빨리 성취할 수 있습니다.

우리의 정신세계도 이와 비슷합니다. 생각을 모으면 모을 수가 있습니다. 마치 항아리에 물을 가득 채우듯이 하루 하루의 생각을 집중해 모으면 마음이 모아

져서 기도를 **빨리** 성취할 수 있는 것입니다. 십지 가운데 환희지를 맛볼 수 있을 것입니다. 그러나 조금하다가 게으름을 피우면 아무리해도 기도는 이뤄지기 어렵습니다. 그러나 게으르게 기도를 해도 하지 않는 사람보다 몇 배 낫습니다.

그러나 한번 마음을 먹으면 굳은 신심과 믿음으로 최선을 다해야 합니다. 어떤 때는 목숨을 걸고 기도를 해도 성취하기란 어려운 일인데 게으름을 피우면서 기도 성취하기란 어렵습니다.

앞에서 제가 기도시간을 8시간으로 정했는데 자기가 정신이 건강하고 몸이 건강하면 시간과 장소에 구애됨이 없이 10시간, 12시간, 24시간 기도를 해도 좋습니다. 7일 동안 지속적으로 지장보살님 명호를 간절하게 부르기만 하면 기도는 성취될 수 있습니다.

지장보살 명호를 듣고 혹은 찬탄하고

혹은 우러러 절하고 혹은 공양을 올리고 그 형상을 그리거나 조성하여 모시면 이 사람은 당연히 중앙에는 제석천왕이 계시고 선견성이 있고 선견성은 4면이 8만 유순 되는 큰 성으로 4방에 각기 8성이 있어서 하늘 사람들이 살고 있다고 합니다. 4방 8성으로 32성인데 선견성을 더해 33천이라 합니다. 남섬부주 위의 8만 유순 되는 수미산 꼭대기에는 삼십삼천三十三天에 백번이나 태어날 수 있고 영원히 악도에 떨어지지 않는다 라고 '지장보살 본원경'에는 쓰여져 있습니다. 이때를 십지 가운데 명지라고 말할 수 있습니다. 지장보살 명호만이라도 부를 때 주의할 점은 지속적으로 지장보살 명호를 부르고 있으면 자기도 모르는 사이에 헛생각(번뇌, 망상)이 들어 올 때가 있습니다. 헛생각이 들어오면 영화 필름 보듯이 그냥 내보내고 다시 지장보살님께 초점을 맞추면서 기도를 해야 합니다. 이때를 십 지 가운데 부둥지라고 합니다.

사람이 1초에 생각이 800번에서 900번 일어났다 사라졌다 한답니다. 그 많은 생각들을 다 볼 수는 없어도 지장보살님 기도할 때만큼은 내가 지금 헛생각(번뇌, 망상)이 들어오는지 나가는지를 알아야 합니다. 기도는 정신 바짝 차리고 해야 합니다. 흐릿한 마음으로 기도하면 기도 성취하기란 어렵습니다.

다시 말하면 영화필름이 1초에 800번, 900번 돌아갈 때 그때 한 생각이 내 생각과 맞으면 그것이 인연되어 행동을 하게 됩니다. 이 몸은 자동차와 같은 것입니다. 자동차를 운전하는 사람의 마음에 따라서 자동차가 가듯이, 우리의 마음 안에서 생각하는 것이 있습니다. 다만 우리는 그 생각이 너무 빨리 일어나니까 모르는 것입니다. 그 많은 생각들 속에 나와 인연이 맞으면 행동으로 옮기고, 눈으로 보고, 느끼고, 귀로 듣고 코로 냄새 맡고, 혀로 맛을 보고, 피부로 부드러움을 느끼는 것입니다.

우리는 지금 눈의 노예가 되고, 코의 노예가 되고, 귀의 노예가 되고, 혀의 노예가 되고, 피부의 노예가 되어서 우리의 진짜 마음을 산란하게 합니다. 우리의 마음은 눈이 없어도 볼 수 있는 것이고, 코가 없어도 냄새를 맡을 수 있는 것이고, 귀가 없어도 소리를 들을 수 있는 것이고, 혀가 없어도 맛을 볼 수 있는 것이고, 피부가 없어도 부드러움을 느낄 수 있는 것입니다. 다만 우리의 육체는 자동차와 같이 사용하는 것입니다. 자동차가 오래되면 폐차가 되듯이, 이 몸이 다 되면 늙고, 병들어 죽게 되는 것입니다.

그러나 죽지 않은 것이 있습니다. 그것은 우리의 진실된 마음입니다. 마음에도 진짜가 있고 가짜가 있습니다. 우리가 만약에 이 몸이 죽으면 가짜는 다 사라지고 진짜만 남게 됩니다. 그러므로 가짜의 상에서 하루빨리 벗어나 진짜 '나'를 찾아 지혜로운 삶으로 영원히 죽지 않는 저 언덕의 길로 가길 간절히 발원합니다. 이때를 십지 가운데 법운지라고 합니다.

지장보살님은
어떻게 태어나신 분인가

아주 오랜 옛날에 명호는 각화정자재왕여래覺華定自在王如來이셨고 수명은 사백천만억 무량 수 살아오신 부처님, 그 부처님은 상법동안에 한 바라문의 어여쁜 딸이었습니다. 숙세에 닦는 복이 깊고 두터워서 무리들이 흠모하고 존경하였으며, 걷거나 머물거나 앉거나 눕거나 말하거나 침묵하거나 움직이거나 고요히 머물거나 언제나 그 생각하는 바가 흔들리지 않고 일여함을 알고 하늘이 옹호하였습니다. 그러나 소녀의 어머니 열제리는 삿된 것을 믿고 항상 불, 법, 승의 삼보를 비방하는 등 소녀가 여러 방편을 베풀어서 바른 견해를 내게 하였지만, 어머니는 정법대로 살아가지 못하고 결국 혼령은 무간지옥에 떨어지게 되지만, 아버지 시라선견은 삼보를 철저하게 공경하고 계율과 선정과 지혜의 삼학을 게을리 하지 않고 닦았으니 이 세상을 하직할 때 천상에 태어나게 되었지요. 소녀의 어머니가 인과를 믿지 아니하고 세상을 살아왔기 때문에 당연히 그 업에 따라서 악도에 태어났을 것으로 짐작하고, 부모님이 남긴 모든 재산을 팔아서 꽃과 향, 의복과 음식 등 모든 공양구를 구하여 가지고 어머니를 위해서 진심으로 기도하고 재(齋)를 올리게 되었는데 이때 이날 무간지옥에 있던 죄인들은 소녀의 공덕으로 각화정자재왕여래가 3일전 무간지옥에 오셔서 모두가 낙을 받아 다시 태어나게 되었습니다. 이때 바라문의 딸이 지장보살이십니다.

이처럼 어떤 일이 있어도 진실로 기도

를 해야 됩니다. 처음에 내가 소원이 소
박하고 아주 적은 것인데 욕심이 생겨서
처음하고 다르게 거짓으로 욕심을 부리
면, 아무리 기도해도 되지가 않습니다.
그러므로 초지일관해야 됩니다. 처음에
원력을 세웠던 그대로만 진실 되게 기도
하면 소원을 성취할 수 있습니다.

그러나 기도를 하면 자꾸만 실험을 합
니다. 저 사람이 진실로 기도하는지 거짓
으로 기도하는지 말입니다. 앞에서 말했
듯이 진실로 기도를 하면 7일 만에 기도
를 성취할 수 있고, 그렇지 못하면 7일도
못 가서 괜히 고생만 하게 되어 있습니
다. 그러므로 괜히 요행수를 바라면서 기
도를 하게 되면 안 됩니다. 진실로 기도
를 한 자에게 가난한 자가 부자가 될 수
있고, 거짓으로 하면 그 만큼 벌을 받게
되어 있습니다.

그래서 처음부터 간절한 마음이 나오

지 않으면 마지막까지 기도를 마치기란 어렵고, 기도 성취하기란 더 어렵습니다. 간절한 마음이란, 진실된 마음, 지푸라기 라도 잡을 심정으로 기도하고 애타는 마음으로 기도하면 거의 90%는 1차 관문에 통과합니다.

2차 관문은 지속적으로 하는 것입니다. 3차 관문은 죽을 고비가 와도 당당하게 처음에 세웠던 진실한 마음이 변하지 않고 꾸준히 나아가는 것입니다. 어떤 경계가 와도 말입니다. 그러나 마지막 3차 관문에 100명이면 5명이 들어갈까 말까 할 정도로 나머지는 정말 어렵습니다. 그렇듯 어렵게 기도 해야지 만이 이뤄지는 것입니다. 이 험난한 길을 그래도 가야만 됩니다. 주저하지 말고 용기를 내서 기도하시길 발원합니다.

한곳에 정신을 집중 해야만 합니다

반드시 유념해야 할 것은 기도를 할 때는 한곳에 정신을 집중해야만 합니다. 마치 도끼로 나무를 쓰러트리듯이 기도를 해야 합니다. 한 군데 집중적으로 도끼질하면 아무리 큰 나무도 무너지게 되어 있습니다. 조금씩, 조금씩 천천히 기도를 해야 합니다. 우리 생각도 마찬가지입니다. 한군데만 정신을 집중해야만 기도를 성취 할 수 있습니다. 그런데 보통 사람들은 욕심이 많아서 그렇게 잘되지가 않습니다.

우리가 살고 있는 이 지구상에 많은 꽃이 피고 져도 나무가 늘 살아 있는 것처럼 우리 사람이 죽는다고 해도 죽지 않습니다. 사람의 죽음도 결국 과거에 지은 인과 지금 짓고 있는 업에 따라서 떠나가게 됩니다. "왕생극락하여 지이다" 하고 기도하는 것도 한 방법입니다만 "지장보살님, 지옥중생 구제와 영가천도 지금 바라는 소원 들어주세요." 하고 기도하는 사람이 있습니다.

그러나 그렇게 말하지 않아도 우리의 의식 속에 잠재되었던 생각이 저절로 나와서, 자기가 처음 세웠던 선망부모나 조상님을 천도하여서 왕생정토하게 되면 대대손손 복을 받고 소원이 발원되는 것입니다. 오로지 지장보살 명호만 열심히 부르면서 잡념에 빼앗기지 말고 지속적으로 지장보살님 명호만 부르면 되는 것입니다. 입으로 부르지 말고 마음으로 간절하게 기도를 해야 합니다.

기도 장소에서 일념으로
계속 기도를 하십시오

우리가 처음 기도 할 때 원력의 힘이 약하면 자꾸만 게으름을 피우게 되어 있습니다.

우리가 가식적으로 기도를 하게 되면 법당에서 기도할 때 옆에서 기도하는 사람들의 소리가 거슬리고, 뒤에서 기도하는 사람들 소리가 거슬리고, 온 몸은 가렵고 목은 마르고, 팔, 다리는 아프기도 합니다.

그러나 정말로 원력의 힘이 강하고 진실한 마음으로 일념에 빠지면 옆에서 무슨 소리를 하던, 자신의 몸이 가렵던, 뒤에서 무슨 소리를 하던 아무런 관계가 없습니다.

정말로 집중이 잘 되어서 삼매에 빠지면 누가 옆에서 뭐라고 해도 아무런 소리가 안 들립니다.

그런데 보통 사람들은 그렇게 잘 되지가 않습니다. 망상에 사로잡혀서 기도하고, 기도하는 방법도 모르니까. 옆에서 누가 부르면 그냥 그 쪽으로 마음이 가게 되어 있습니다.

기도할 때는 절대로 누가 뭐라 해도 마음이 움직이면 안 됩니다. 설사 뒤에서 누가 나를 건드려도 거기에 신경 쓰지 말고 꾸준히 기도해야 합니다.

기도는 하면 할수록 힘이 생기는 것입니다. 기도는 처음에 아무 것도 모르고 시작할 때가 가장 잘됩니다.

그러므로 혹시 기도를 한번 해야겠다고 생각하면 처음에 최선을 다하여 일심으로 기도해 보시길 바랍니다. 많은 도움이 될 것입니다.

　　모든 기도는 힘들어도 간절한 마음과 진실한 마음 하나면 7일이 하루처럼 느껴집니다. 기도를 할 때 뒤에서 누가 뭐라 하든 옆에서 누가 뭐라 하든 신경을 쓰지 말고 어떤 경계가 와도 다 물리치겠다는 마음으로 기도를 해야 합니다.

　　앞에서 제가 지장보살님 기도법에 천수경을 하든 금강경을 하든 반야심경을 하든 지장경을 하든 중요한 것은 간절한 **마음과 진실**입니다. 이 점을 잊지 마시고 하시는 기도가 잘 될 수 있도록 발원 드리겠습니다. 『지장보살마하살』

업장이 두터운 사람은
기도 성취가 느립니다

인간의 삶을 '업보중생'이라는 말로 표현합니다. 업이란 낚시바늘에 비유하기도 합니다. 작은 낚시가 큰 고기를 끌어올리듯이 업이란 우리 눈에 보이지 않지만 우리를 끌어당기는 힘을 지니고 있기 때문입니다. 업이란 말을 다른 말로 표현하면 습관이라고 말할 수 있습니다. 그리고 불교의 가르침은 나쁜 습관을 고쳐 좋은 습관을 기르는 일입니다. 곧 기도생활이란 우리의 업을 맑히고 좋은 습관을 읽혀 가는 으뜸가는 일입니다.

여기에서 업이란 무엇인가? 먼저 업은 우리 마음의 검은 그림자입니다. 예를 들어 우리가 남몰래 나쁜 일을 하게 되면,

남들은 모른다고 하여도 자기 자신은 알고 있어 죄의식을 느낍니다. 마찬가지로 업이란 우리 잠재의식 속에 남아 있게 되어 사라지지 않습니다.

　마치 자신이 필요한 정보를 컴퓨터에 저장하듯이 남아 있게 되는 것입니다. 나쁜 죄를 많이 지으면 나쁜 업이 남고, 좋은 일을 많이 하면 좋은 업이 남게 되는 것입니다.

　그러면 우리가 전생을 알고자 하면 어떤 것이 전생인가? 그것은 지금 현재 내가 받고 있는 것이 전생입니다. 그러면 후생을 알고자 하면 어떤 것이 후생인가? 그것도 지금 내가 하고 있는 일이 후생에 전달되어 그대로 받는 것이 후생입니다. 다시 말하면 콩 심은데 콩 나고, 팥 심은데 팥 나는 원리입니다. 여러분이 아무리 아니다 하더라도 이 불변의 원칙은 속일 수가 없는 것입니다.

그래서 전생에 내가 만약 도둑질을 많이 하고 남을 속이고 살았다면 현생에 그것을 그대로 받는 것입니다. 자꾸만 남이 나의 물건을 도둑질 해 가고, 자꾸만 남이 나를 속이려 든다면 그것들이 다 전생에 내가 지은 업 때문에 그대로 받게 되는 것입니다. 만약에 선한 업을 많이 지은 사람이라면, 남이 나를 도와주고, 남에게 속임도 당하지 않을 것입니다.

그래서 선한 업을 많이 심은 사람은 기도 성취가 빠를 것이고, 나쁜 업을 많이 지은 사람은 기도 성취가 늦을 것입니다. 그러면 업을 어떻게 제거해야 하는가. 업을 제거하는 방법에는 참회하는 것이 가장 좋습니다.

전생에 지은 업을 참회하는 것입니다. 그런데 업이 그렇게 쉽게 참회를 한다고 해서 없어지는 것이 아닙니다. 우리 생활 습관도 마찬가지로 하루아침에 고치기가

힘들듯이 업이란 그리 쉽게 녹는 것이
아닙니다.

이런 말이 있습니다. 만약에 내가 30
년 동안 생활해 온 나쁜 성격을 고치려
면 30년이란 세월이 걸리고, 40년 동안
생활해 온 나쁜 습관을 고치려면 40년이
란 세월이 걸린다고 말입니다. 이렇게
우리의 업습이란 자기가 진정으로 참회
하지 않는 한 그리 쉽게 없어지질 않습
니다.

우리가 자기 자식의 나쁜 습관도 고치
기가 어려운데, 하물며 주위에 나쁜 사람
이 있다고 해서 나쁜 습관을 고치려고
하면 그 사람이 말을 듣겠습니까? 괜히
싸움만 일어날 것입니다.

그래서 제일 좋은 방법은 그 사람이
스스로 뉘우치는 것이 좋습니다. 이렇듯
우리의 업은 무섭습니다. 그래도 업장을
녹이기 위해서 기도하고 참회하고 그러

면 점점 나쁜 업은 없어지고 선한 업이 남게 되어 정말로 내가 원하는 소원들이 모두 다 이루어질 것입니다.

그럼 왜 업이 많으면 소원이 안 이루어지는가? 우리의 정신은 맑으면 맑을수록 기도가 잘되는 것입니다. 정신이 맑으면 내가 무엇을 해야겠다고 마음을 먹으면 그 일이 아무 장애가 없이 쉽게 이루어지나 업이 많아서 생각이 많고, 정신이 흐려지며 장애가 많아 무슨 일이 뜻대로 잘 안 되는 것입니다.

그것은 내가 전생에 지은 나쁜 업이 많이 있기 때문입니다. 우리의 정신세계는 마치 파도가 물결치는 것과 같습니다. 처음에는 온갖 생각으로 내가 지금 무슨 생각을 하고 있는지도 모르게 많은 생각이 어지럽게 일어나고 사라지다가 마음을 조금씩 가라앉히고 안정시키면서 호흡에다 생각을 맞추고 있으면 파도치는

어지러운 생각은 사라지고, 마음은 고요
하게 되어 있습니다.

마음이 고요하면 어지럽고 산란했던
생각도 점점 옅어져서 어느 순간에 내
마음은 깨끗하게 될 것입니다. 마치 파도
물결이 어지럽게 치다가 조용해지면 바
다 밑이 훤히 들여다보이듯이, 우리 마음
도 마찬가지입니다.

기도를 열심히 하다보면 자기도 모르
는 사이에 검은 업은 점점 없어지고 깨
끗한 마음이 남아서 자기가 하고자 하는
일이 순조롭게 되는 것입니다. 그러므로
평상시에도 열심히 기도해서 검은 업을
녹이고 깨끗한 마음으로 살아가면 좋은
일이 많이 생길 것입니다.

기도의 종류와 기도도량

　기도의 종류에는 여러 가지가 있습니다만 반야심경 사경과 지장보살 사불을 그려도 좋습니다. 신묘장구대다라니를 한다든가 능엄신주를 한다든가 이런 기도를 주력합니다. 큰 스님이신 성철 큰 스님도 능엄신주 하셨고, 수월스님도 신묘장구대다라니를 해서 기도 성취하신 분입니다. 그 이외에도 기도를 성취해서 큰 스님 되신 분이 많이 있습니다.

　그러므로 기도를 열심히 하면 그 기도의 힘을 받아 큰스님도 되고, 큰 불사도 하고 그런 것입니다. 우리가 꼭 불사를 하고 큰스님이 되기 위해서 기도를 하는 것은 아니지만 그래도 기도에 가피를 얻으면 정말로 큰일을 이룰 수 있습니다.

   기도에는 금강경을 독송한다든가 반야
심경을 독송한다든가 등등 부처님 경전
을 독송하는 것도 있고, 몸이 아플 때 하
는 약사여래불 기도, 관세음보살 기도,
영가 천도를 위해서 하는 지장보살님 기
도, 나한 기도, 산신 기도, 여러 종류가
많이 있습니다.

   참고로 우리 나라 기도처를 적어보겠
습니다.
   지장기도 도량으로는 철원 심원사, 보
성 대원사, 고창 도솔암, 남해 용문사,
양주군 지장사, 합천 길상암, 서산 개심
사 등이 있습니다. 나한 기도 도량은 영
천 거조암, 청도 운문사 사리암, 관악산
연주암, 팔공산 진불암 등이 있습니다.
약사 여래불기도로는 팔공산 갓바위, 경
산 불굴사, 구미 금오산 약사암 등이 있
습니다. 미륵 기도 도량으로는 화순 운
주사, 논산 관촉사, 보은 법주사, 고창

선운사 등이 있습니다.』

　관음기도 도량으로는 강화 보문사, 남해 보리암, 속초 홍련암, 여수 향일암, 설악산 오세암, 부산 해동 용궁사 등이 있습니다. 대표적인 5대 적멸보궁으로는 영축산 통도사, 오대산 상원사, 설악산 봉정암, 영월 법흥사, 태백산 정암사가 있습니다.

　그 밖에도, 우리가 몰라서 그렇지, 찾아보면 우리가 기도할 수 있는 도량은 많이 있습니다.

지장보살님은
우리에게 다가와
소원을 들어주십니다

지장보살 본원경을 보게 되면 이런 말이 나옵니다.

『중생이 여러 가지 괴로움을 받을 때에 지장보살의 이름을 듣고, 한 마음으로 그 이름을 부르면 지장보살은 즉시 그 음성을 듣고 모두 해탈을 얻게 하나니라. 세상에서 흔히들 지장보살님은 이 세상을 살다 목숨을 바친 영가만을 고통에서 구제해 주시는 보살님이라고 믿고 있는 분이 많이 계시지만, 사실은 그 뿐만 아니라 만약 지장보살의 이름을 지니는 사람은 가령 큰 불 속에 들어가더라도 불타지 않을 것이니 이것은 지장보살 위 신력 때문이니라.』

또 이런 대목이 나옵니다.

『만약 어떤 국토의 중생이 부처님 몸으로 나투어 제도할 사람은 지장보살이 부처님의 몸을 나투어 그를 위해 설법하고, 벽지 불의 몸으로 제도할 이는 벽지 불의 몸을 나투어 그를 위해 설법하며, 성문의 몸으로 제도할 이는 성문의 몸을 나투어 그를 위해 설법하고 …….』

위의 서품과 본원경 지장보살에서도 나왔듯이 지장보살님은 어떻게 우리에게 다가와 소원을 들어주는가? 먼저 지장보살님 화신에 대해서 말씀드리겠습니다. 화신뜻은? 중생을 교화하기 위하여 여러 가지 형상으로 변화하여 나타나는 것을 말합니다.

예를 들어 우리가 지장보살의 형상을 보고 또 이 경을 듣고 독송도 하며, 향·꽃·음식·의복·보물로서 보시공양하여 찬탄하고 우러러 절한다면 스물여덟 가지의 이익을 얻게 되나니 그 스물여덟 가지 중 몇 가지를 읽어보면 하늘과 용이 지켜준다든지, 좋은 과보가 날로 더한다든지, 성현의 높은 인을 모은다든지 의식이 풍족하다든지 질병이 오지 않는다든지, 성불한다든지 하는 것이 다 그러 하다고 부처님께서 말씀하셨습니다. 때로는 화신으로도 나타난다고 합니다.

위에서 말했듯이 그 사람을 제도하기 위해서는 그 사람하고 가장 가까운 사람의 모습으로 변화해서 나타나는 것입니다. 그래서 지장보살님은 그 사람 근기에 맞게 때로는 어린아이로, 때로는 어머님으로, 때로는 아버지로, 때로는 군인 아저씨로, 때로는 친구의 모습으로, 때로는 그 절에 주지스님으로 모습을 하고 우리에게 나타나서 소원을 들어주십니다. 이렇게 꿈속에서 가피를 내려 주는 것을

"몽중가피"라 합니다.

또 다른 방법으로 나타나기도 합니다. 예를 들어 꿈속이 아니고, 살아 있는 사람 몸에 직접 들어가서 그 사람 근기에 맡게끔 어머님 몸속에 들어갈 수도 있고, 아버님 몸속에 들어 갈 수도 있고, 어린 아이 몸속으로 들어갈 수도 있고, 그 절에 주지스님 몸속으로 들어가서 소원을 들어주시곤 합니다.

그래서 기도를 하면은 누가 부처님인지, 누가 지장보살님인지 구별하기가 힘이 듭니다. 그러나 분명한 것은 일심으로 기도하면 틀림없이 지장보살님이 그 사람의 근기에 알맞게 화신의 모습으로 나타나 소원을 들어주신다는 것입니다. 옛 선승이신 육조 혜능대사께서는 현상계의 이론으로 말하면 이수里數로 십만팔천리 라고 하셨는데 그것은 우리들의 신체 가운데 열 가지 악한 것과 여덟 가지의 삿된 것을 제거하면 즉시에 도달한다는 진여자성의 본성자리를 가리킨 상징적인 표현으로 본다는 것입니다. 하근기 사람에게 나타나는 현상은 죽어서 극락세계에 태어나기를 발원하는 것이요, 상근기의 사람은 그 마음을 청정히 하여 마음의 부처를 찾는다고 하였습니다. 정토신앙에서는 전형적인 민중신앙으로서 사후에 서방의 극락세계에 왕생하기를 발원합니다. 또한 극락세계에 가게 되면 모든 고통은 사라지고 부처님의 원력으로 성불할 수 있다고 합니다. 이렇게 살아 있는 사람 몸속에 들어가서 가피를 주는 것을 "현증가피" 라 합니다.

그리고 "명훈가피"라 하는 것은, 항상 불보살님의 보호를 받으면서 사는 것을 말합니다. 명훈가피를 받으면 항상 불보살님이 지키고 있어서 일체 나쁜 일을

미리 막아 주고, 하고자 하는 모든 일이
아무 장애 없이 술술 풀리는 것을 말합
니다. 그러므로 기도를 할 때 진실 되게
지장보살님이 명호를 일심으로 부르면
지장보살님이 그 사람 근기에 알맞게 화
신의 모습으로 나타나 소원을 들어주실
것입니다.

번뇌 망상을 어떻게
없애야 하는가

우리의 마음은 바로 우주의 생명 그 자체이기 때문에 마음 가운데에는 지옥이 있고 아귀도 있고 천상도 있고 또는 극락이 다 잠재해 있는 것입니다. 곧 십법계인, 지옥·아귀·축생·수라·인간·천상·성문·연각·보살·부처 등 일체만법이 우리 마음 가운데에 본래 다 갖추어져 있습니다. 그래서 우리가 기도를 해나가면 잠재의식 속에 들어있던 업의 종자들이 업장 따라 변화가 일어나게 되는 것입니다. 우리는 무명無明이란 말을 들어본 적이 있을 것입니다. 평등무차별한 청정법계의 도리를 깨닫지 못하기 때문에 문득 일어나는 분별심을 말합니다.

따라서 무명은 일체 현실세계의 온갖 번
뇌와 망상과 생사윤회의 근본입니다. 이
와 같이 우리 인간의 근본 번뇌인 무명
은 정견인데 끊임없는 기도를 통해서만
가능합니다.

절이나 집, 장소를 구분하지 않고 두
두물물 어느 곳이나 부처님이 계시기 때
문에 지금도 많은 사람들이 소원을 성취
하기 위해서 원력을 세우게 됩니다.

공양미 삼백석을 절에 보시하면 아버
지 눈을 뜨게 할 수 있을 거라는 스님의
말에 효심이 지극한 심청이는 진짜 로
아버지 눈만 뜨게 할 수 있다면 임당수
에 몸을 팔아 공양미 삼백석을 절에 보
시하겠다고 말합니다.

믿음과 원력이 강한 심청이는 임당수
에 몸을 던지지만 죽지 않고 오히려 임
당수의 연꽃 속에 다시 태어나게 됩니
다.

만약에 심청이가 원력이 약하고 가식적으로 기도하였다면, 심청이는 연못에 빠져 죽고 아버님 눈도 못 떴을 것입니다. 그러나 심청이는 오로지 아버님 눈만 뜰 수 있게 할 수 있다면 임당수에 몸을 던져서라도 아버님 눈을 뜨게 하겠다는 의지가 곧 깊은 효심을 자아내게 한 것입니다.

기도도 이와 같이 해야 합니다. 죽을 각오로 하면 절대로 죽지 않습니다. 심청이는 연꽃 속에 다시 태어나 그 나라 왕하고 결혼해서 왕비가 됩니다. 왕비가 되어서도 오로지 아버님 눈을 뜨게 하기 위하여 아버님을 매일 찾고자 눈물을 흘립니다.

여기에서도 만약 심청이가 가식적으로 기도를 했다면 왕비가 되어서 아버님을 찾지도 않았을 것입니다.

그러나 심청이는 반야의 지혜를 얻어

오로지 아버님 눈을 뜨게 하기 위해 맹인 잔치를 벌려 결국에는 아버님 눈을 뜨게 합니다. 여기에서 심청이는 기도를 성취하는 것입니다. 심청이의 목적은 왕비가 되는 것이 아니고 오로지 아버님 눈을 뜨게 하는 것이 목적입니다.

심청이가 일심으로 기도했기 때문에 왕비도 되고 아버님 눈도 뜨게 된 것입니다. 그러나 심청이는 진심으로 내 몸을 팔아서라도 아버님의 눈을 뜨게 하겠다고 하는 의지가 강하였기에 이와 같이 진실 되고 간절한 마음이 소원을 성취하게 만든 것입니다.

기도도 마찬가지입니다. 자기에게 무슨 원력이 있어서, 진실 되게 기도하면, 끝내는 소원이 성취되고 좋은 결과가 나타나게 되는 것과 같이 모든 일이 자기 마음먹은 대로 되는 것입니다. 여러분도 한 번 기도를 해 보시길 바랍니다. 스님께서 또 이렇게 말했다고 해서 "나도 왕비가 되고 싶어" 하면서 왕비가 되려고 기도하면 아무리 기도해도 안 됩니다.

왜냐하면 앞에서 말했듯이 욕심이 있으면 아무리 기도해도 안 되는 것이고 진실 되게 기도해야만 왕비도 되고 부귀영화도 누릴 수 있는 것입니다.

부처님께 감사하는 마음과
마지막 한 생각이 기도를
성취하게 합니다

　우리 모두가 수행을 하든, 기도를 하든 부처님께 감사를 드려야 합니다. 대자대비 하시며 대 지혜 대 위 신력으로 항상 우리를 가호해 주시기 때문인 것입니다. 이러한 은혜를 모르고 있는 것은 자신을 알지 못하기 때문에 그렇습니다. 그래서 감사와 믿음의 기도가 시작되기 전에 진실된 원력을 세워서 간절히 기도를 해야 합니다.

　하루, 이틀, 사흘 ……. 이렇게 기도하다 보면 자기가 간절한 기도를 한 사람이라면 마지막에 경계가 나타나는 것입니다. 그 경계에서 싸워 이기면 기도를 성취하는 것이고, 그렇지 못하면 기도는 성취될 수 없습니다.

마지막 경계가 무엇이냐 하면 그것은 바로 죽을 고비와도 같은 것입니다. 우리가 죽을 때 생각하는 것이 그렇게 무섭고 그것이 현실로 나타나는 것과 같습니다. 여기서부터는 정말로 힘이 듭니다. 그러나 진실하게 원력을 세워 기도한다면 진정 죽음이 나에게 무슨 두려움이 되겠습니까? 어떤 경계가 와도 진실 앞에서 모두가 무너지게 되어 있습니다. 그러므로 여러분도 진실된 원력과 부처님께 감사하는 기도를 통해서 진리를 긍정하고 순수한 믿음이 존재하기 위해서는 기도를 한번 해 보시길 바랍니다. 진리는 진리 그 자체이며 변하지 않기 때문입니다. 부처님의 자비 공덕은 변함이 없고, 살아있는 모든 생명체에게 은혜를 주시고 계신 것입니다.

타인을 위해 기도하면
그 복은 배가 됩니다

제일 좋은 기도가 타인을 위해 기도하는 것입니다. 기도는 자신의 성의가 중요하다는 것을 강조하고 싶습니다. 위에서도 말했듯이 심청이가 아버지를 위해 기도하니까 결국은 자기가 왕비가 되었습니다. 그렇습니다. 기도는 기도하는 자의 기도일 뿐입니다.

지장보살님도 중생이 괴로움을 받을 적에 내가 그 음성을 듣고 모두다 고통에서 해탈하게 하리라는 원력을 세우셨습니다. 지장보살님도 남을 위해 기도해 주니까 결국에는 지장보살님도 되고, 또 지장보살님이 되니까 그런 원력도 세우는 것입니다. 내가 지옥 중생들 모두를 해탈케 하리라는 대 원력을 세우신 분이 바로 지장보살님이십니다.

그러기 때문에 우리는 영가 천도할 때 지장보살님을 지극 정성으로 부르는 것입니다. 지장보살님을 지극 정성으로 부르면 지장보살님과 똑같이 가피를 주고 영가 천도도 되고, 자기에게도 복이 돌아오고 하는 것입니다.

부처님도 어리석은 중생을 구제하겠다고 원력을 세워서 중생들을 구제하셨습니다. 그래서 우리가 구제를 받고 부처님을 존경하고, 그리고 부처님 되니까, 또 그런 원력도 세우는 것입니다. 모든 불보살님들이 똑같은 것은 원력을 세웠다는 것입니다. 보현보살님 대행 보현보살님이며 큰 실천 행을 하는 보살님이시고, 문수보살님은 대지 문수보살님입니다. 어리석은 자에게 지혜를 주는 보살님이십니다. 관세음보살님은 대비 관세음보살

입니다. 큰 자비를 주신 분이고, 지장보
살님은 대원본존 지장보살님이며 큰 원
을 세운 보살님이십니다. 이렇게 성인들
은 저마다의 원력을 세워 모든 중생을
구제하시고 그리고 또 성인이 되니까 그
런 원력을 세우는 것입니다.

　만약에 성인이 되지 않았다면 그런 원
력도 세우지 않고 그렇게 우리가 존경하
지 않았을 것입니다. 그러나 성인이 되어
도道를 깨치니까 그런 원력도 세우는 것
이니 여러분도 누구를 위해서 원력을 한
번 세워 보시길 바랍니다. 그러면 이 사
회는 아름다운 사회가 될 것입니다.

나와 남을 구별하지 말고
둘이 하나라는 것을 믿으십시오

우리는 남을 위해 기도하면 결국은 그것이 자기에게 돌아온다는 것을 알았습니다. 만약에 내가 남을 위해 기도를 안하고 반대로 남을 업신여기고 미워하면 결국은 자기가 업신여김을 당하고 미워함을 당하게 되어 있습니다.

여기에서 자세히 살펴보면 우리의 마음은 둘이 아니고 하나란 걸 알 수 있습니다. 남을 위해 기도하면 결국은 내게로 복이 돌아오는 것입니다.

우리의 몸뚱이는 제각기 다르지만 마음은 언제나 하나 되어 같이 가는 것입니다. 내가 싫은 것은 남도 싫은 것이고 내가 좋으면 남도 좋은 것입니다.

　그래서 제가 하고 싶은 말은 우리의 마음은 햇빛에 빛나는 햇살과 같고, 어두움을 환하게 비춰 주는 달빛과도 같은 것입니다. 우리의 마음은 아무리 나누어도 마르지 않는 호수와도 같습니다.

　그런데 사람들은 마음을 굳게 닫아 자기 마음을 열지 못하고 있습니다. 마음을 열지 못하면 열지 못한 만큼 괴로움을 받게 됩니다.

　우리가 남을 위해 축원해 주고 따뜻한 말 한마디 해주면 이 사회는 밝아지게 되고 극락이 될 것입니다. 그렇지 못하면 이 사회는 지옥이 되어서 서로 빼앗고 싸우는 사회가 될 것입니다.

　극락 지옥이 따로 없습니다. 남을 위해 기도해 주고 베풀어주면 그것이 극락이고, 남을 업신여기고 남의 것을 빼앗고 남을 속이고 그러면 그것이 바로 지옥인 것입니다.

　마음은 둘이 아니고 하나란 걸 깨달아
서 남을 위해 기도해 주시길 바랍니다.

기도는 삼매에 빠져야
소원이 성취됩니다

간절한 마음으로 정신 집중을 지속적으로 하면서 기도하게 되면 삼매에 들어가게 됩니다. 그러면 어떻게 해야 삼매에 들어가게 되는가? 먼저 기도를 하게 되면 번뇌, 망상(헛생각)이 떠오릅니다. 지장보살님께 정신을 집중하는데 단 몇 분도 안 되어 마음이 집으로 갔다 부산으로 갔다, 술집으로 갔다 합니다. 이때 한 생각이 일어날 때 그 순간 번뇌, 망상에 매달려서는 안 됩니다.

만약에 기도를 하다가 또 다른 생각이 나면 바로 내가 그곳에 빠져 있다는 생각을 하고 바로 지장보살님께 정신을 집중해야 합니다.

앞에서도 말했지만 화살을 쏠 때 화살을 힘껏 잡아 당겨 과녁에 초점을 맞추려고 하는 것처럼 계속해서 초점을 맞추는 것입니다. 그러나 초점은 3분도 안 되서 빗나가고, 자꾸 옆으로 마음이 움직여집니다.

그래도 반복적으로 지장보살님께 계속 초점을 맞추고 또 옆으로 빗나가면 또 지장보살님께 초점을 맞추고 하면서 기도를 해야 합니다. 마치 우리가 영화를 볼 때에 영화 감독관처럼 화면에 어떤 장면이 떠올라도 영화 감독관은 절대로 마음이 움직이지 않는 것처럼 말입니다.

그러나 영화 감독관이 아니고 관객이라면 관객들은 영화의 화면 속에 빠져 울고 웃고 했을 것입니다. 영화 관객처럼 울고, 웃고 하면은 번뇌, 망상에 노예가 되어 절대로 기도를 성취할 수 없습니다. 우리는 항상 기도를 할 때 마치 영화 감

독관처럼 어떤 경계에도 매달려서는 안
됩니다.

여기에서 영화감독을 고양이한테 비유
하고, 영화 화면은 쥐한테 비유해 보겠습
니다. 그러면 마치 고양이가 쥐를 잡듯이
계속 쥐구멍을 주시하는 것처럼 됩니다.
고양이는 쥐를 잡으려고 누가 뒤에서 건
드려도 꼼짝하지 않고, 오로지 쥐를 잡겠
다는 일념으로 정신을 바짝 차리고 쥐구
멍을 주시합니다. 기도도 이와 같이 해야
성취됩니다.

만약에 고양이가 잠을 잔다든가 게으
름을 피우면 쥐는 어느새 쥐구멍에서 나
와 고양이를 잡아먹을 것입니다. 절대로
쥐한테 고양이가 잡아먹히는 일이 없도
록 정신을 바짝 차려야만 번뇌, 망상에
매달리지 않습니다. 이렇게 반복적으로
끊어짐이 없이 지속적으로 기도해 나가
면 자기도 모르는 사이에 삼매에 들어

시간 가는 줄 모르게 기도를 할 수 있습니다. 이렇게 끊어짐이 없이 하루, 이틀, 삼일, 사일, 오일 …… 기도하다 보면 경계가 나타납니다. 바로 이때 기도가 성취되려고 실험을 하는 것입니다. 이 순간이 아주 중요합니다. 여기에서 진실과 거짓이 나누어집니다.

진실로 기도한 사람이라면 기도가 성취될 것이고, 거짓으로 기도한 사람이면 괜히 시간만 보내고 고생만 하게 되어 있습니다. 기도가 깊어지면 삼매에 빠지는데 삼매가 깊어지면 경계가 나타나게 됩니다.

그 경계가 바로 죽을 고비입니다. 죽을 고비를 넘길 때 한 생각하는 것이 바로 현실로 나타나 기도가 성취되는 것입니다. 그러면 내가 처음 진실한 원력을 세웠던 바로 그 생각이 되는 것입니다. 처음에 간절하고 진실한 마음이 나와서 기도를 시작하였기 때문에 마지막에 모든 경계와 장애를 물리치고 기도가 성취되는 것입니다. 그러므로 처음부터 간절하고 진실한 마음이 나오지 않으면 마지막 경계(죽음고비)에서 싸워 이기기란 정말 힘이 드는 것입니다. 죽을 고비를 넘길 때 그 순간에 한 생각이 현실로 나타나 소원이 이루어지게 되는 것입니다.

만약 이때에 사업이 잘 되지 않아 기도한 사람이면 사업이 잘될 것이고, 몸이 아파 기도한 사람이라면 몸이 회복될 것이고, 시험에 합격하려고 기도한 사람이면 시험에 합격할 것입니다.

아무튼 이런 경지에서는 이루지 못하는 것 없이 뜻대로 소원이 다 이루어지는 것입니다. 이런 삼매의 경지까지 가려면 정말로 생각이 끊어짐 없이 계속 정신 집중을 해야지 만이 초인간적인 힘이 생기는 것입니다. 정말로 이런 경지까지

가기란 힘이 듭니다.

그러나 진실 하나만 가지고 밀고 나가면 어떤 죽을 고비가 와도 경계는 다 사라지게 되어 있습니다. 마치 심청이가 아버지 눈을 뜨게 하기 위하여 일념으로 기도하듯이 말입니다. 여러분도 심청이 같은 효심과 깊은 마음으로 기도를 한 번 시작 해 보십시오. 틀림없이 지장보살님이 가피를 내려 소원을 들어주실 것입니다.

참선을 잘 하려면
기도를 열심히 해야 합니다

기도를 열심히 하면 참선은 저절로 잘 되게 되어 있습니다. 여러분도 만약 참선을 하고 싶은 마음이 있으면 먼저 기도부터 하고 참선을 하라고 권유해 드리고 싶습니다만 방법은 자유입니다.

옛날에는 우리나라가 기복 신앙이 되어서 정말로 부처님 바른 법을 잘 몰라 기도하는 법도 모르고, 그냥 기복에만 매달려 왔습니다.

요즈음, 기도하는 방법에 대해서 많은 책들이 발행되고 있습니다. 한 번씩 읽어 보시고 정말로 기도의 목적이 무엇이고, 지장보살님이 어떤 분이시며, 부처님이 어떤 분이신지 확실히 알고 정말로 기복

에만 매달리지 말고 부처님의 바른 정법
이 항상 머물기를 발원합니다.

지장기도 시에는 독경을 해야 하며 대
승대집지장 십륜경 서품과 지장경, 지장
보살 본원경을 차례대로 하면 더 좋습니
다. 세 가지를 처음부터 차례대로 독경하
고 반복하여 읽으시면 됩니다. 경은 역시
깊이 사유하면서 읽고, 또는 읽기 전이나
읽고 난 후에도 명상해야 하며 경의 세
계를 되새겨 보아야 합니다.

기도는 현실에 맞게 해야
성취가 됩니다

　　지장보살 보문품을 읽어보면『중생이
여러 가지 괴로움을 받을 적에 지장보살
이름을 듣고 지장보살을 일심으로 부르
면 곧바로 그 음성을 듣고 모두 고통에
서 해탈을 얻게 하리라』하는 대목이 나
옵니다.

　　여기서『중생이 여러 가지 괴로움을
받을 적에 지장보살 이름을 듣고』라는
이 대목은, 지금 우리가 괴로움을 받고
있는 것을 말하는 것입니다. 남이 기도
성취해서 부자 됐다니까 나도 해야지 하
면서 기도하면 절대로 안 됩니다.

　　여기에서 괴로움은 아주 현실적이어야
하고 정말로 괴로울 때, 정말로 고통을

받을 때 지장보살님을 일심으로 정성 다
해 부르면 그 음성을 듣고 모두 다 고통
받는 지옥중생 세계에서 구제하리라 하
셨습니다. 그 음성은 우리의 입에서 그냥
부르는 음성이 아니고, 정말 간절하게 부
르는 우리의 마음의 음성이어야만 지장
보살님이 곧바로 그 음성을 듣고 모두
다 고통에서 해탈케 합니다.

　요즈음 우리 사회에 얼마나 어려운 일
이 많고 고통스러워하는 일들이 많
습니까? 그런 사람이 있다고 가정하면
정말로 간절하게 7일기도를 해 보십시
오. 틀림없이 지장보살님이 곧바로 그
음성을 듣고 고통에서 건져주실 것입니
다. 기도는 철저한 믿음과 진실이 필요
합니다. 지금의 말을 100% 믿고 한번 시
작해 보십시오. 믿고 기도해도 우리는 업
이 많아서 2분의 1도 성공하기가 어렵습
니다. 그러므로 믿지 않고 기도하면

100%로 기도는 성취될 수 없습니다.

현실적으로 괴로움을 받고 계신 분은 신심을 가지고 기도를 해 보십시오. 남이 고통을 받고 있을 때 내가 기도를 해 줘도 기도가 이루어집니다. 언급한 것처럼 남을 위한 기도가 성취되는 것입니다. 남을 위한 기도는 내 마음을 깨우치는 데는 최고로 좋은 기도입니다. 한번 용기를 내서 간절하게 기도를 시작해 보십시오. 틀림없이 지장보살님이 곧바로 그 음성을 듣고 가피를 내려주실 것입니다.

그리고 얼마나 간절하게 기도하느냐에 따라서 성취도 달라질 것입니다. 간절함이 크면 클수록 가피는 크고, 간절함이 적으면 적을수록 그 만큼 가피는 적게 성취됩니다. 그러므로 내 목숨 다 걸고 기도를 해 보시길 바랍니다. 죽을 각오로 기도하면 절대로 죽지 않습니다. 그러나 어설프게 기도하면 마장만 끼어 잘못하면 헛된 환상에 사로잡혀 삿되게 되어 버릴 수도 있으니 철저한 믿음과 진실한 마음으로 간절히 매달려 보시기를 바랍니다.

모든 것은 자연스럽게
해야 합니다

내 마음에 간절한 진실함이 우러나서 원력을 세워야만 됩니다. 억지로 하면 되지 않습니다. 기도도 마찬가지입니다. 마치 높은 탑을 쌓아 올리는 것처럼 하나하나 정성 들여서 쌓아 올라가야 합니다.

그러나 하루아침에 쌓아 올리려면 그 탑은 쉽게 무너지게 되어 있습니다. 어렵고, 정성스럽게 쌓아올린 탑은 절대로 무너지지가 않습니다. 설사 무너진다 해도 다시 쌓아 올릴 수 있습니다. 우리의 번뇌, 망상도 마찬가지입니다. 번뇌, 망상이 일어난다고 해서 그것을 쫓으려고 하면 절대로 사라지질 않습니다. 자연스럽게 번뇌, 망상이 들어왔다는 것을 알아차리고 집착만 하지 않으면 그 마장은 사라지게 되어 있습니다.

기도 성취도 마찬가지입니다. 한번 기도해서 기도가 이루어지지 않는다고 포기하지 마시고, 천천히 다시 시작하는 것입니다. 7일기도 해서 안 되면 21일 하고, 21일 해서 안 되면 100일 하고, 100일 해서 안 되면 1000일 하고, 1000일 해서 안 되면 다음 생이라도 하는 것입니다. 기도를 하다가 죽게 되면 다음 생은 틀림없이 기도를 할 수 있는 데 태어나서 또 다시 기도를 하게 되어 있습니다.

사람은 어차피 육도 윤회를 하게 되어 있습니다. 늙어서 죽든, 병들어 죽든, 사고 나서 죽든, 전쟁이 나 죽든, 어차피 죽게 되어 있는데 늙어, 병들어, 사고 나서 비참하게 죽는 것보다 기도하거나 참선하다가 죽는다면 얼마나 좋겠습니까.

그러므로 기도를 항상 생활화해서 죽는 날까지 기도를 열심히 하면 그 사람은 틀림없이 다음 생은 좋은 데 태어날 것입니다. 그러므로 열심히 기도하시길 발원하옵니다.

지장보살님께 영가천도
발원을 매일 하십시오

지장보살 기도법은 관세음보살 기도법과 똑같습니다. 다만 기도하는 방법은 비슷하나 원력이 다를 뿐입니다. 지장보살님은 지옥중생을 구제하겠다는 원력을 세웠습니다. 지장보살님은 세간의 고통을 내가 다 들어서 해탈케 하겠다는 원력을 세우신 분입니다.

그리고 지장기도는 죽은 망자를 위해서 극락왕생을 발원하는 것입니다. 사람이 죽으면 49일 만에 다른 몸을 받는다고 합니다. 7일에 한 번씩 그 주기가 돌아오는데 49일 안에 모두 다른 세계로 간다고 합니다. 이때 영가를 위해서 제사를 지내 주는 것입니다. 49제를 지낼 때는 보통 관음 시식을 합니다. 그럼 관음 시식이 무엇인가? 공부를 많이 하신 스님이 관을 하는 것입니다. 영가의 형상을 관하고, 음식을 차려서 음식을 관해서 만들어 주고 부처님 법문을 들려줘서 극락왕생하게 하는 방법입니다. 또 한 가지는 구병 시식이 있습니다. 구병 시식이란 무엇인가? 병자를 위하여 귀신에게 음식을 주고 법문을 알려주는 경우를 말합니다.

우리 불자님들은 49제 내용을 잘 모릅니다. 아무튼 49제 관음 시식 내용은 잘 몰라도, 영가를 천도시켜야겠다고 마음먹고 지극 정성으로 지장보살님께 기도하면 영가님은 반드시 천도되고 살아 있는 사람은 하는 일이 뜻대로 잘 될 것입니다. 어찌 보면 49제는 죽은 망자를 위한 기도겠지만 사실은 살아 있는 사람에게 더 큰 이익을 줍니다.

너와 내가 둘이 아닌 원리를 깨달아서 지극 정성으로 영가를 천도하면 그것이 내가 더 많은 복을 받는 것입니다. 그러므로 지극 정성으로 영가 천도를 해 주시길 바랍니다. 내가 전생에 살생을 많이 했거나 혹시 집안에 원한을 품고 죽은 영가가 있으면 하루 빨리 원한을 풀고 죄를 참회해야 업장이 녹습니다. 영가의 장애로 병명도 없이 몸이 아프고, 하는 일이 잘 안될 때는 영가의 장애가 걸려서 안 될 때도 있습니다.

그러므로 항상 발원을 해줘야 합니다. 발원할 때는 다음과 같이 하시길 바랍니다. 조용히 눈을 감고 합장하면서 『나 ○○○와 인연 있는 모든 영가시여! 지장보살님께 귀의하여 극락왕생 하소서.』하면서 계속 발원을 하면 좋은 성과가 있을 것입니다. 예를 들어 본인 이름이 홍길동이라면 '나 홍길동이와 인연 있는 모든 영가시여 지장보살님께 귀의하여 극락왕생 하소서' 하면서 기도해야 합니다. 이 발원도 진실로 해야 하며 거짓으로 하면 안 됩니다. 지극 정성으로 시간 날 때마다 발원을 해주면 좋은 성과가 있을 것입니다.

요즈음은 자동차 사고든 아니면 화재, 질병 등 상상할 수 없는 사건사고가 우리의 생명을 빼앗아 버리고 있습니다. 많은 사람들이 죽고 있는데 가령 자동차 사고로 죽으면 영가가 한이 맺혀 그 사고가 난 장소에서 떠나지 않는다고 합니다. 그래서 한번 사고 난 차량은 계속 사고가 나는 것입니다. 비행기도 마찬가지고 배도 마찬가지입니다. 이런 분은 하루 빨리 영가를 천도하여 영가가 편하게 머물러 더 이상의 불행한 일이 없도록 하시길 바랍니다.

세월은 무상하니
젊고 힘이 있을 때
기도해야 합니다

우리 인생이 얼마나 짧고 세월이 무상한가를 부처님께서는 말씀하셨습니다.

"젊음은 달리는 말처럼 사이에 지나가고, 사람 목숨이 무상함은 흐르는 물과 같음이로다." 라고도 말씀하셨고, 또 "우리의 인생은 마치 사람이 눈을 깜박거릴 때 눈을 떠서 미처 감지 못하는 것과 같이 짧은 시간이다." 라고 말씀하셨습니다.

우리는 100년이 길다 생각하지만 사실은 긴 시간도 아니고 그렇다고 결코 짧은 시간도 아닙니다. 그렇게 우리는 인생을 살아가고 있지만 어찌 보면 연극을 하며 살아가고 있는지도 모릅니다. 마치 사회의 울타리 속에 그 나이, 지위와 명예와 권력에 맞게 마치 포장지를 쓰고 자기 자신을 포장하고 있는지도 모릅니다. 진짜 나를 잃어버리고 가짜 나에 속아서 꼭두각시처럼 살다보면 무엇이 진짜이고 무엇이 가짜인지 모르고 그냥 늙어가고 죽어가고 있는 것입니다. 참 안타까운 일입니다. 가짜로 포장해온 모든 것은 내게 아무 것도 도움이 안 됩니다. 가짜는 영원하지 않고 사라지는 것이니까요.

예를 들어 몸은 늙고 병들어 사라지는 것이고, 멋진 자동차도 오래되면 사라지는 것입니다. 화려한 집도 사라지는 것입니다. 아무리 좋은 걸로 포장해도 결국은 다 사라지는 것입니다. 그러나 사라지지 않는 것이 있습니다. 그것은 우리의 "진짜 나" 입니다. 마음에도 가짜가 있고 진짜가 있습니다. 가짜는 다 사라지고 진짜 나는 사라지지 않고 영원한 것입니다. 그럼 여러분은 '가짜 나'가 중요하겠습니까? '진짜 나'가 중요하겠습니까?

우리는 진짜 나를 잃어버리고 가짜 나의 노예가 되어서 하루하루 살고 있습니다. 세월은 사람을 기다려주질 않습니다. 이제라도 늦지 않았으니 영원히 죽지 않는 진짜 나를 찾고, 진짜 나와 숨 쉬고 진짜 나와 함께 생활하시길 바랍니다. 그럼 가짜는 자연히 사라지게 되어 있습니다. 그럼 진짜 나를 어떻게 찾아야 되는가? 진짜 나를 찾는 데는 여러 가지 방법이 있습니다.

예를 들어 참선을 한다던가, 기도를 한다던가, 부처님 경전 공부를 한다던가, 여러 가지가 있습니다. 진짜 나를 찾는 사람이 되어야 만이 우리는 늙고 병들고 죽음의 고통에서 벗어날 수 있습니다. 이런 말이 있습니다. 사람 몸 받기 어렵고 사람 몸 받아서 남자 몸 받기 어렵고, 남 자 몸 받아서 부처님 법 만나기 어렵다 고 말입니다. 저는 인연을 아주 소중히 생각합니다. 여러분이 이 글을 읽고 진짜 나를 찾는데 많은 도움이 됐다면 저는 이 글을 쓴 보람을 느낄 것입니다. 부디 발원합니다. 영원한 것과 영원하지 않은 것을 확실히 구별하여 지혜로운 삶을 살 아가시길 원합니다.

영가 천도를 위한 사불기도와
사경을 하십시오

    사경寫經이란 글자 그대로 경전을 옮겨 적는 것을 말합니다. 이를 다시 말하면 경전쓰기라고 할 수 있습니다.

    그러나 사경은 단순히 경전을 그대로 베끼는 작업에 그치는 것이 아니라 부처님의 형상을 스스로 만들어 자신의 마음에 모시는 중요한 예불인 것입니다.

    이와 마찬가지로 사불寫佛이란 부처님상을 그대로 베껴 그리는 일을 말합니다.

    지장보살은 석가모니 부처님께서 열반하신 후 미륵보살께서 이 세상에 나오실 때까지 모든 육도 중생들을 구원하고 고통에서 건져낼 것을 부처님으로부터 도리천궁에서 위촉을 받으신 보살입니다.

또한 지장보살님께서는 고통에 빠진 중생들을 다 구원하고 그 모두가 성불한 연후에 스스로 성불하겠다고 서원을 세우신 분으로 원을 세움에 있어서 가장 으뜸이신 보살이기도 합니다. 따라서 임종 시 그 사람을 위하여 지장보살을 기린 '지장경'을 읽어 주거나 지장보살의 명호를 불러준다면 그가 비록 악도에 떨어지게 되어 있더라도 그 공덕으로 모든 죄업이 소멸되고 좋은 세상에 태어난다고 합니다.

'지장경' 도리천궁신통품에 보면 다음과 같은 이야기가 나옵니다.

"만약 미래세의 선남자, 선여인이 지장보살의 명호를 듣고 찬탄하거나, 우러러보고, 예배하거나, 혹은 명호를 부르거나, 공양을 올리거나, 또는 형상을 그림으로 그리거나, 조각을 하여 만들거나,

형상에 칠을 올리거나 하면 이 사람은 마땅히 백번을 33천에 태어나 영원히 악도에 떨어지지 않는다."

때문에 지장보살님을 사불 하는 공덕은 말할 수 없이 크며 그 가피로 조상영가는 물론 유주 무주고혼들이 안전하게 아미타 극락세계에 이르게 되는 것입니다.

지장보살님을 하루에 한 장씩 정성껏 그려나가며 간절하게 신심을 모을 때 얻게 되는 커다란 법열은 해본 사람만이 알 수 있습니다.

우리 모두 신심을 내어 조상님들의 영혼을 천도하시고 더불어 외로운 영가들이 다함께 아미타 정토에 왕생하게 되기를 간절히 기원합니다.

영혼 천도의식의 목욕의례

    관욕은 영혼 천도의식 때 행해지는 영혼에 대한 목욕의례이다. 천도의식이 행해지기 전에 영혼은 그 천도의식에 참가하기 위해서 더럽혀진 몸을 씻는 것을 뜻하는 이 의식을 행하게 된다.

    먼저 병풍을 둘러 사람들이 보이지 않도록 해 관욕단을 만들고, 관욕단 안에 남신구男身軀 하나와 여신구 하나를 백지 위에 먹으로 써서 병풍에 붙인다.

    그리고 관욕수灌浴水 두 대야를 준비하고 버드나무로 된 발을 만들어 기왓장 위에 놓으며, 버드나무발 위에는 종이로 만든 지의紙衣를 놓는다.

    관욕수 앞에 망인의 위패를 놓고 그 주위에 촛불을 밝혀 관욕수에 비치도록 한다. 병풍 밖으로는 병풍 안의 관욕하는 장소임을 알리는 표시로 '관욕방'이라 써서 붙인다.

관욕단 안에 버드나무 가지를 든 두 사람이 앉아 있는 것은 영혼이 목욕하는 것을 돕는 것을 상징하게 된다. 이상과 같이 관욕단이 준비되면 의식이 행해진다.

관욕의식은 병풍 밖에서 삼증사三證師가 결수문을 놓고 앉아 여러 가지 결인을 하면서 진리를 관하는 형식을 취한다. 결인은 수인이라고도 하는데, 망인이 목욕을 하는 것, 양치하고 세수하고 새로 불교적 의미가 부여된 옷을 받아 갈아입고 설법을 듣는 것 등을 두 손의 손가락 모습으로 상징하게 된다.

그리고 삼증사가 결인을 하고 있는 동안 나머지 다른 의식승은 목욕진언, 세수진언 등의 관욕관계 각종 진언을 창하면

서 의식을 진행시킨다. 이 의식은 부정을
배제하는 제례의 신앙의례와 밀교의례가
융합된 것이다.

제사에 살생하지 마십시오

　　제사에 짐승을 죽이는 것은 크게 금할 것이니 살생으로 인하여 중유가 나쁜 과보를 받게 되는 것이다. 중유가 살생하는 것을 보고는 살생하지 말라고 가족에게 알려주지만 가족이 알아듣지 못하고 살생하므로 중유는 성을 내어 나쁜 갈래에 떨어지게 된다. 그러므로 제수祭需는 소찬으로 차리고 조객에게는 육류를 대접하지 말지니 설사 조객에게 불만이 있을지언정 망인에게 죄를 얻게 할 수는 없는 것이다.

　　'지장보살 본원경'에는 "너희들이 살생한 것으로 음식을 차려놓고 제사를 지내더라도 망인에게는 털끝만한 이익도 되지 못하고 죄업만 맺게 되어 죄장이 깊어질 뿐이다. 가령 내세나 현세에 성인

될 분을 얻어 인간이나 천상에 날 것이라도, 임종 시에 권속들이 살생하는 나쁜 인을 지은 탓으로 망인에게 누가 되어 인간과 천상에 나는 일이 늦어질 것이다. 하물며 망인이 전생에 선근이 없으면 지은 업에 따라 나쁜 과보를 받게 되겠거든, 어찌하여 권속의 잘못으로 망인의 업을 더하게 하랴. 비유컨대 먼 곳에서 오는 사람이 양식이 끊어진지 3일이 되었는데 짊어진 짐은 무게가 백근이어늘 만일 이웃사람을 만나 다른 물건을 첨부한다면 짐이 무거워서 꼼짝할 수 없는 것과 같다"고 하였다.

왕생하는 징조와 상서에
구애되지 마십시오

염불하는 사람 중에 왕생할 이는 운명할 때에 이상한 징조나 여러 가지 상서가 보이는 일이 있기도 하거니와, 염불하는 사람은 그런 일에 구애되지 말고 극락에 왕생하기만 발원하고 일심으로 염불만 할 것이다. 가령 상서가 보이더라도 거기에 동심되어 염불이 전념하지 못하거나 염불을 중단하여서는 안 되니 상서가 보일수록 더욱 침착하며 일심으로 염불을 계속할 것이며, 또 상서가 보이지 않더라도 역시 일심으로 염불을 계속할 것이다.

부처님이 중생들을 구제하시는데 현저히 하기도 하고 은은하게 하기도 하여 범부로서는 추측할 수 없는 것이니, 설사 일시에 상서가 보이지 않더라도 그로 인하여 실망하지 말고 일심으로 염불할 것이다. 이 일심으로 염불하는 것이 극락에 왕생하는 비결이다.

죽음을 알면 삶이 바로 잡혀

"종교는 무엇보다도 죽음의 문제에 대한 해답을 주어야 합니다. 그러나 대부분의 사람은 죽음을 생각하려 하지 않고 삶에만 집착하려 합니다. 한국의 종교들도 현세 욕락만 추구하다보니 기복신앙으로 흐르는 경향이 있습니다. '해탈업'과 '정토왕생법'의 중요성이 먼저 강조되어야 할 것입니다.

죽음 이후의 세계를 알면 삶의 방향이 바로 잡힙니다. 누구나 죽음이 두려운 것이 아니라 죽은 다음에 다시 태어나는 것이 두려운 것입니다.

- 현장 스님 글 중에서 -

스님은 1975년 송광사에서 구산 스님을 은사로 득도 후 해인사 강원을 졸업함.
현재 전남 보성 대원사에 염불선 수련도량을 개설하여 주말 수련회를 지도하고 있음.

광명진언

　우리나라에서 흔히 시체를 명할 때에 금강경탑다라니, 천수탑다라니, 수구다라니를 넣어서 망인이 다라니의 공덕으로 좋은 갈래에 태어나기를 원합니다. 그러나 대관정광진언_{大灌頂光眞言 : 광명진언}이 가장 좋으니 이것은 글자 수가 간단하여 20여 자를 넘지 않고 또 범자의 획이 시체에 닿으면 정토에 태어난다는 게송도 있습니다.

　원효스님이 지은 '유심안락도_{遊心安樂圖}'에는 "모래를 무덤 위에 흩어도 오히려 극락에 갈 것인데 하물며 주문_{呪文}한 옷을 입거나 소리를 듣고 글자를 외움이랴" 하였고, 손전축_{孫傳祝}이 지은 '대사수지_{大事須知}'에는 "진언의 범서 글자가 시체에 닿으면 망자가 곧 정토에 나서 부처님 뵙고 법을 듣고 수기를 받아 위없는 보리를 빨리 증득한다" 하였습니다.

'옴 아모가 바이로차나 마하 무드라 마니 파드마 즈바라 프라바르타야 훔'

　10악업과 5역죄를 지은 사람이 두서너 번 듣기만 하여도 죄업이 모두 소멸합니다. 또 10악업과 5역죄들을 많이 지어 그 죄가 세계에 가득 차서 죽어 지옥에 떨어졌더라도 깨끗한 모래에 이 진언을 백 번 외어서 그 모래를 죽은 이의 시체에나 무덤 위에 흩어 주면 모든 죄가 소멸되어 곧 극락세계에 왕생하게 됩니다.
　복을 지어 망자를 천도하는 일은 보시가 위주이며 그 중에도 망인의 유물로 복을 짓는 것이 가장 좋으니 망인이 많은 이익을 얻는 까닭이다. '무상경無常

經'에는 "망인의 신구新舊 의복이나 몸에 따라 소용하던 물건을 구분하여 불타·달마·승가에 보시하면 그로 인하여 망자의 업장이 가벼워지고 공덕 복리를 얻을 것이니 좋은 의복을 시체에 입혀 보내지 말라" 하였습니다.

그러므로 망인의 유산이 있으면 돈으로 바꾸어서 불상을 장엄하고 경전을 간행하고 승가에 보시할 것이며 또 가난한 이를 구제하고 생물을 방생하는 등 중생에게 유익한 일을 할 것입니다.

'우마세계경'에는 "만일 부모가 죽어서 아귀갈래에 났을 때에 그 자손이 망령을 위하여 복을 지으면 아귀가 곧 이익을 얻을 것이요, 만일 망령이 천상갈래에 났으면 천상에는 훌륭한 보장寶藏을 성취하였으므로 인간의 물건을 생각하지 않을 것이요, 지옥에 났으면 몸에 지극한 고통을 받으므로 다른 생각을 할 겨를이 없고, 축생도 그러하여 원래 아끼고 탐하고 인색함으로 인하여 아귀에 떨어진 것이므로 항상 허물을 후회하고 천도하는 그 이익을 얻는 것이니 지혜 있는 이는 아귀를 위하여 부지런히 복덕을 지을 것이라.”라고 하셨습니다.

 ‘관정수원왕생시방정토경灌頂隨願往生十方淨土經’에는 “평소에 3보를 믿지 않고 법과 계율을 행하지 않다가 죽은 뒤에 3도 8난에 떨어져서 고통을 받을 적에 친속이 망인을 위하여 복을 닦으면 7분 중에 1분의 복을 망인이 얻는다.”하였고, ‘지장보살 본원경’에는 “세상에 있을 적에 선한 업을 닦지 못하고 중죄를 지은 사람이 죽은 뒤에 그 친속들이 망인을 위하여 모든 거룩한 일을 지으면 망인은 7분의 1 공덕을 얻고 6분 공덕은 산 사람이 얻는다.”라고 하였습니다.

제4장

영가천도 영험록

영가의 천도

– 어느 학인 스님의 죽음 –

구체적인 영가천도 기도법을 이야기하기 전에 한 편의 이야기를 통하여 우리가 꼭 알아두어야 할 영가에 대한 기본 상식 몇 가지를 살펴보고자 한다.

수십 년 전 합천 해인사에서 있었던 일이다. 강원의 학승들이 가을 수확 철에 장경각 뒤쪽의 잣나무 숲으로 잣을 따러 갔다.

그런데 잣나무가 워낙 높아 한 나무에 올라갔다가 다시 내려와서 다른 나무로 올라가려면 힘이 드니까, 몸이 재빠른 학인들은 가지를 타고 이 나무에서 저 나무로 그냥 건너뛰는 일이 많았다.

그날도 그렇게 잣을 따다가 한 학인이

자칫 실수하여 나무 밑으로 떨어지고 말
았다. 마침 그 밑에는 낙엽이 수북이 쌓여
있어 몸에 상처는 입지 않았지만 완전히
숨이 끊어지고 말았다.

그러나 그 학인은 자기가 죽은 것을 알
지 못했다. 다만 순간 어머님이 보고 싶다
는 생각이 일어났고, 그 생각이 일어나자
그는 이미 속가의 집에 들어서고 있었다.
그는 배가 많이 고픈 상태에서 죽었기 때
문에 집에 들어서자마자 길쌈을 하고 있
는 누나의 등을 짚으며 밥을 달라고 하였
다.

그런데 이게 어찌된 일인가. 어머니와
함께 길쌈을 하던 누나가 갑자기 펄펄 뛰
며 머리가 아파 죽겠다는 것이었다. 누나
가 아프다고 하자 면목이 없어진 그는 한
쪽에 우두커니 서 있었는데, 어머니가 보
리밥과 풋나물을 된장국에 풀어 바가지에
담아 와서는 시퍼런 칼을 들고 이리저리

내두르며 벼락같이 고함을 지르는 것이었
다.

"네 이놈 객귀야, 어서 먹고 물러가라."

그는 깜짝 놀라 뛰어 나오며 투덜거렸
다.

"에잇, 빌어먹을 집. 내 생전에 다시 찾
아오나 봐라! 그래, 나도 참 별일이지. 중
이 된 몸으로 집에는 무엇 하러 왔나. 더
군다나 사람대접을 이렇게 하는 집에
……. 가자. 나의 진짜 집 해인사로."

그리고는 해인사를 향하여 열심히 길을
가고 있는데 길 옆 꽃밭에서 청춘남녀가
화려한 옷을 입고 풍악을 울리며 신나게
놀고 있는 것이었다.

잠시 넋을 잃고 바라보고 있으니 한 젊
은 여자가 다가와서 옷자락을 잡아당기며
유혹하였다.

"스님, 우리랑 함께 놀다 가세요."

"중이 어떻게 이런 곳에서 놀 수 있겠

소?”

"에잇, 그 놈의 중! 간이 적어서 평생 중질밖에 못해 먹겠다."

사양을 하고 돌아서는 그를 보고 여인은 욕을 퍼부었다.

욕을 하든 말든 다시 해인사로 돌아오는데, 이번에는 예쁘장하게 생긴 여인이 길가에 서 있다가 붙잡고 매달리는 것이었다.

억지로 뿌리치고 걸음을 옮기는데, 이번에는 수건을 머리에 질끈 동여맨 수십 명의 무인들이 활을 쏘아 잡은 노루를 구워 먹으면서 함께 먹을 것을 권하였다.

그들도 간신히 뿌리치고 절에 도착하니, 재(齋)가 있는지 염불소리가 들려왔다. 그런데 아무래도 그 소리가 이상하였다. 가까이 다가가서 유심히 들어보니 목탁을 두드리는 스님은 '은행나무 바리때' 뚝딱 뚝딱 하고 있고, 요령을 흔드는 스님은

'제경행상' 딸랑딸랑 '제경행상' 딸랑딸랑 하고 있는 것이었다.

'참 이상한 염불도 다 한다'고 생각하면서 열반당涅槃堂 간병실로 가보니 자기와 꼭 닮은 사람이 누워 있는 것이었고, 그를 발로 툭 차는 순간 그는 다시 살아났다.

그런데 조금 전에 집에서 보았던 누나와 어머니는 물론 여러 조객들이 자기를 앞에 놓고 슬피 울고 있는 것이었다. 영문을 알 수 없었던 그는 살아난 자신을 보고 기절초풍을 하는 어머니에게 여쭈었다.

"어머니, 왜 여기 와서 울고 계십니까?"

"네 놈이 산에 잣을 따러 갔다가 죽었지 않았느냐! 그래서 지금 초상 치를 준비를 하고 있었다."

세상은 진정 일장춘몽이었다. 그는 다시 어머니에게 물었다.

"어제 집에서 누나가 아픈 일이 있었습니까?"

"그럼, 멀쩡하던 애가 갑자기 죽는다고
하여 밥을 바가지에 풀어서 버렸더니 다
시 살아나더구나."

그는 다시 자신을 위해 염불을 해주던
도반 스님에게 물었다.

"아까 내가 들으니 너는 은행나무 바리
때만 찾고 너는 제경행상만을 찾던데, 도
대체 그것이 무슨 소리냐?"

"나는 전부터 은행나무로 만든 너의 바
리때를 매우 갖고 싶었어. 너의 유품 중에
서 그것만은 꼭 가지고 싶다는 생각이 어
찌나 강하게 나던지 ……. 너를 위해 염불
을 하면서도 '은행나무 바리때'에 대한 생
각을 떨쳐 버릴 수가 없었어. 정말 미안하
네."

"나도 역시 그랬다네. 네가 평소에 애
지중지하던 '제경행상諸經行相'이라는 책이
하도 탐이 나서 ……."

죽었다가 살아난 학인은 그 말을 듣고

문득 깨닫는 바가 있어 무인들이 노루고
기를 먹던 장소를 가 보았다. 그런데 사람
들의 자취는 없고 큰 벌집만 하나가 있었
다. 꿀을 따온 벌들이 열심히 그 집을 드
나들고 있을 뿐 ……

　다시 미모의 여인이 붙들던 곳으로 가
보니 굵직한 뱀 한 마리가 또아리를 틀고
있었으며 청춘남녀가 풍악을 울리며 놀던
곳에는 비단개구리들이 모여 울고 있었다.
　"휴, 내가 만일 청춘남녀나 무사·미녀
의 유혹에 빠졌다면 분명 개구리·뱀·벌
중 하나로 태어났을 것이 아닌가!"

- 일타스님　글 중에서 -

무상계 無常戒

아미타 부처님께 지극한 마음으로
귀의합니다
지장보살님께 지극한 마음으로
귀의합니다
인로왕 보살님께 지극한 마음으로
귀의합니다

이 무상계는 열반으로 가는 관문이고
고해를 건너는 자비의 배이니라. 부처님
도 이 계를 의지하여 열반을 성취하셨고
모든 중생도 이 계를 의지하여 고해를
건너기 때문이니라.

영가여, 그대는 이제 여섯 가지 감각
기관인 눈과 귀와 코와 혀와 몸과 생각
과, 여섯 가지 경계인 빛과 소리와 냄새

와 맛과 느낌과 인식을 벗어나서, 신령한
의식이 뚜렷이 드러나 부처님의 위대한
무상계를 받게 되었으니 이 얼마나 다행
한 일인가.

영가여, 세월이 다하여 세상이 불타면
대천세계도 무너져 버리고 수미산과 큰
바다도 모두 다 닳고 말라 없어지는데,
어떻게 늙고 병들고 죽고 근심하고 슬퍼
하고 걱정하는 이 작은 몸이 남아 있을
수 있겠는가.

영가여, 그대의 머리털과 손톱 발톱과
치아와 살갗과 힘줄과 뼈와 해골, 때 같
은 것은 다 흙으로 변하고, 침과 콧물과
고름과 피와 가래와 눈물과 대소변 같은
것은 다 물로 변하고, 더운 기운은 불로
변하고, 움직이는 기운은 바람으로 변하
여 네 가지 큰 것은 각각 제 자리로 돌
아가는데, 이제 그대 영가의 죽은 몸이
어디에 남아 있겠는가.

영가여, 이 몸은 네 가지 큰 것으로 잠시 모인 헛된 것이니 조금도 아까울 것이 없느니라.

그대는 끝없는 옛날부터 이제까지 무명이 근본이 되어 선악의 행을 짓고, 이 행으로 말미암아 이 세상에 태어나려는 생각을 짓고, 이 생각으로 말미암아 태중의 정신과 물질이 되는 명색名色을 짓고, 명색으로 말미암아 여섯 기관을 짓고, 여섯 기관으로 말미암아 감촉작용을 짓고, 감촉 작용으로 말미암아 감각 지각을 짓고, 감각 지각으로 말미암아 애욕을 짓고, 애욕으로 말미암아 탈취심을 짓고, 탈취심으로 말미암아 내세의 과보가 되는 여러 가지 업을 짓고, 이 업으로 말미암아 미래에 태어나는 인연이 되어 늙고 병들고 죽고 근심하고 슬퍼하고 걱정하게 되느니라.

그러므로 무명이 없어지면 행이 없어

지고, 행이 없어지면 생각이 없어지고, 생각이 없어지면 명색이 없어지고, 명색이 없어지면 여섯 기관이 없어지고, 여섯 기관이 없어지면 감촉 작용이 없어지고, 감촉 작용이 없어지면 감각지각이 없어지고, 감각지각이 없어지면 애욕이 없어지고, 애욕이 없어지면 탈취심이 없어지고, 탈취심이 없어지면 업이 없어지고, 업이 없어지면 태어남으로 인하여 늙고 병들고 죽고 근심하고 슬퍼하고 걱정하는 모든 것이 다 없어지느니라.

세상의 모든 것 본래 모습으로 고요하다.
불자가 이 진리 깨치면, 내세 부처 되오리.
덧없이 흘러가는 생멸의 법이여
생멸이 다 사라짐에 열반 기쁨이로다.

부처님 계에 지극한 마음으로 귀의합니다.
가르침 계에 지극한 마음으로 귀의합니다.
승가의 계에 지극한 마음으로 귀의합니다.

과거의 보승여래이시며, 마땅히 공양
받을 수 있는 분이시며, 바르게 다 아는
성인이시며, 숙명통과 천안통과 누진통의
3명三明과, 계정혜 3학三學을 원만히 갖춘
분이시며, 거룩하게 열반에 든 분이시며,
세상을 잘 아는 분이시며, 스스로를 잘
다스리는 분이시며, 하늘과 땅의 스승인
부처님 세존께 지극한 마음으로 귀의합
니다.

영가여, 그대는 이제 몸과 마음에 얽
혀 있던 다섯 가지 인연의 껍질을 벗어
버리고 신령스러운 의식이 뚜렷이 드러
나서 부처님의 거룩한 무상계를 받았으
니 이 얼마나 즐겁고 기쁜 일인가. 그대
는 이제 천상세계나 부처님의 세계에 마
음대로 태어나게 되었으니 참으로 즐겁
고 통쾌한 일이로다.

서쪽에서 건너오신 달마 조사 큰 뜻이여
청정한 그 마음 본래의 고향일세.

미묘한 마음자리 머문 바가 없어도
진리는 산과 들에서 금빛으로 나투네.

의상조사 법성게
義湘組師 法性偈

법성원융무이상   제법부동본래적
法性圓融無二相   諸法不動本來寂

무명무상절일체   증지소지비여경
無名無相絶一切   證智所知非餘境

진성심심극미묘   불수자성수연성
眞性甚深極微妙   不守自性隨緣成

일중일체다중일   일즉일체다즉일
一中一切多中一   一卽一切多卽一

일미진중함시방   일체진중역여시
一微塵中含十方   一切塵中亦如是

무량원겁즉일념   일념즉시무량겁
無量遠劫卽一念   一念卽是無量劫

구세십세호상즉
九世十世互相卽

잉불잡란격별성
仍不雜亂隔別成

초발심시변정각
初發心時便正覺

생사열반상공화
生死涅槃相共和

이사명연무분별
理事冥然無分別

십불보현대인경
十佛普賢大人境

능인해인삼매중
能仁海印三昧中

번출여의부사의
繁出如意不思議

우보익생만허공
雨寶益生滿虛空

중생수기득이익
衆生隨器得利益

시고행자환본제
是故行者還本際

파식망상필부득
叵息妄想必不得

무연선교착여의
無緣善巧捉如意

귀가수분득자량
歸家隨分得資糧

이다라니무진보　　장엄법계실보전
以 陀 羅 尼 無 盡 寶　　莊 嚴 法 界 實 寶 殿

궁좌실제중도상　　구래부동명위불
窮 坐 實 際 中 道 床　　舊 來 不 動 名 爲 佛

구래부동명위법　　구래부동명위승
舊 來 不 動 名 爲 法　　舊 來 不 動 名 爲 僧

제2편
태아령 천도 공양법

제1장

떠도는 어린
넋들을 위하여

부끄러운 세계 제일

현재의 우리나라는 물질위주의 전도된 가치관과 인명 경시 풍조 속에 부끄러운 세계 제일을, 그것도 여러 가지를 자랑하고 있습니다.

첫째는 교통사고 사망률이 세계 제일이고 둘째는 산업재해로 인한 사망률이 세계 제일이며, 셋째는 임신 중절로 인한 태아 사망률이 세계 제일을 기록하고 있지요. 최근에는 40대 남성 사망률과 간암 사망률이 세계 제일로 확인되기도 하였습니다. 그 중에서도 친자 살인에 해당되는 임신중절이 1년에 1백 60만 명을 넘어선다고 하니 참으로 몸서리쳐지는 일이 아닐 수 없습니다.

지금 이 땅의 산하는 온통 눈감지 못

한 한 맺힌 어린 영혼들의 울부짖음과
구만리 장천을 중음신으로 떠도는 어리
고 어린 영혼들의 슬픈 몸부림으로 가득
차 있습니다.

구원과 해탈의 가르침

이 시대가 안락하고 살아있는 백성들이 태평가를 부르기 위해서는 눈에 보이는 정치와 경제보다 중요시 되어야 할 생명의 진실이 있습니다. 그것은 저 무한한 허공계를 외경하고 중음신으로 떠도는 넋들을 달래주는 일입니다.

한 생명이 이 세상에 태어나면 젖을 먹이고 보살펴 주듯이, 한 생명이 이 세상을 하직하면 내생의 몸을 받기까지 어두움에서 해매이지 않도록 보살펴 주어야 합니다.

여기 이 세상과 인연은 맺었지만 이 세상의 햇빛을 보지 못하고 어둠 속으로 사라져간 어린 영혼들을 해탈로 인도하는 가르침이 있습니다. 여기 자식을 죽인 죄업에 몸부림치는 부모의 고통을 해탈로 전환시킬 수 있는 낙태의 죄악과 구원을 설한 '장수멸죄호제동자다라니경_{長壽滅罪護諸童子陀羅尼經}'이 그것이다 라고 경전은 말씀하십니다.

"사람들에게 병이 많고 단명한 이유와 그런 사람이 병을 없애고 제 명대로 살 수 있는 길은 무엇입니까?" 하고 문수보살이 말세 중생을 대신해서 부처님께 여쭈었습니다.

부처님은 말씀하시길 "사람에게 병이 많고 제 명대로 살지 못하는 까닭은 유산이 그 근본 원인이니라. 세상에 살면서 지은 죄업 가운데 아무리 뉘우쳐도 씻기 어려운 다섯 가지가 있으니 첫째 아버지를 죽인 죄, 둘째 어머니를 죽인 죄, 셋째 태아를 죽인 죄, 넷째 부처 몸에 피를 낸 죄, 다섯째 대중의 화합을 깨뜨린 죄이니라."

경전은 다시 "태아를 죽인 큰 죄를 지었더라도 부처님과 불법을 통해 지성으로 참회하고 태아의 영혼을 위해 지성으로 천도 공양하면 죄업이 소멸되고 이고득락離苦得樂한다." 고 하셨습니다.

지난해부터 천주교 서울대교구에서는 경기도 용인에 위치한 천주교 공원묘지 내에 '낙태아를 위한 무덤을 만들고 있으나 이 무덤은 허묘의 역할 뿐이겠지요.

그러나 그것은 1백 60만 명으로 추산되는 낙태수술과 관련, 낙태한 부모가 태아에게 범한 돌이킬 수 없는 범죄행위를 속죄할 수 있는 기도장소로 제공하기 위함입니다.

일본의 경우 병원에서 임신중절수술을 마치면 태아의 시체를 작은 용기에 담아 태아의 시신만을 전문으로 처리하는 전문회사에 넘겨줍니다. 용역회사에서는 정중하게 화장한 후 그 유해를 지정 사원

에 봉안하여 태아령胎兒靈의 천도불공을
봉행하지요.

　일본전역에 중절아의 영혼천도를 봉행
하는 절이 2000개가 넘는다고 합니다. 우
리나라도 점차 태아의 시신을 어떻게 다
루어야 할지, 생명의 존귀함을 일깨우는
쪽으로 병원 측과 종교계에서 더욱 마음
써야 할 것입니다.

태안지장의 슬픈 설화

양수에서 성장하는 태아의 영을 태아령이라고 부르며 태아령의 천도를 위한 지장보살님을 태안지장이라고 부릅니다. 오른손에는 아미타불을 모신 석장을 짚고 왼손으로는 동자를 안고 있는 태안지장의 모습은 다음과 같은 불교설화에서 유래합니다.

"이승과 저승 사이에 삼도의 강이 흐른다. 이 강가 모래밭에는 부모자식이 인연이 두텁지 못해 죽은 간난 아이와 햇빛도 보지 못하고 죽어간 핏덩이들이 모래밭에서 고사리 손을 모아 탑을 쌓고 있다고 합니다. 부처님의 공덕을 빌어 삼도의 강을 건너려 고사리 손을 모아 돌 하나를 들고 어머니를 생각하며 합장하고, 다시 하나의 돌을 들어 아버지를 생각하며 탑을 쌓는데, 하나의 탑이 완성되어 갈 때쯤이면 저승의 도깨비들이 나타나 호통을 치며 쇠방망이로 탑을 부숴버린다고 합니다. 애써 쌓아올린 탑이 무너져 내리면 어린 영혼들은 그만 모래밭에 쓰러져 서럽게 서럽게 울다 지쳐서 잠이 들어 버립니다.

그 때 지장보살님이 눈물을 흘리며 나타나서 옷자락으로 어린 영혼을 감싸 안으면서 오늘부터는 나를 어머니라고 불러라." 하면서 삼도의 강을 건네준다고 합니다.

가슴을 에이고 뼈를 깎는 듯한 슬픈 이야기이지요. 저승의 어머니 지장보살을 의탁하여 부모의 죄업을 씻고 어린 영혼을 천도하는 의례는 이로부터 시작된 것입니다.

어둠에서 어둠으로 스러져간 어린 넋

들의 천도를 발원하고 우리들의 죄업을
참회하기 위해서는 간곡한 마음으로 지
장보살을 부르지 않을 수 없습니다.

　저 대지가 모든 오물과 쓰레기를 모두
용해시켜 새로운 생명을 탄생시키듯 지
장보살은 어떠한 죄인이라도 모두 받아
들여 용서하고 새로운 생명을 꽃피워 주
시기 때문입니다.

태아령 천도 공양법

우리의 조상들은 아기가 태어나면 정신기운이 형성되는 **49**일 동안 삿된 기운이 범치 못하도록 출입을 통제하는 금줄을 쳤습니다. 아기에게 나쁜 영향을 미칠까 염려하여 **7 · 7**일 동안 포수는 사냥을 하지 않고 근신하였으며 집안에서도 살생을 삼가고 남을 속이거나 악담을 삼가 하였지요.

이승의 삶을 마치고 영혼의 여행길에 나선 영가에게도 **49**일간의 정성은 더욱 중요하다. 우리가 여행할 때에도 친절한 안내를 받으면 해매이지 않듯이 **7 · 7**일 동안 영가를 위한 기도는 저승길을 밝혀 주는 한줄기 빛이기 때문입니다.

참회와 발원

① 태아령을 천도하고자 하는 이는 먼저 목욕재계하고 정성스런 공양물을 준비하여 지장보살 전에 올립니다.

② 지장보살 전에 몸과 마음을 기울여 108배의 큰 절을 올립니다.

③ 절 한번 할 때마다 지장보살 멸정업 진언 '옴 바라 마니 다니 사바하'를 일곱 번씩 염송합니다.

④ 예배가 끝나면 고요히 앉아 지장보살님의 모습을 마음에 그리며 지장보살 명호를 천 번 이상 부릅니다.

⑤ 마지막으로 지장보살 십선계를 낭송
  하여 이기적 삶의 태도를 반성하고
  대승보살의 삶을 발원합니다.

사경寫經과 사불寫佛

　태아령의 천도를 위한 기도는 '반야심경' 사경과 '지장보살' 사불을 권합니다.

　(태아령 천도에 대한 더욱 자세한 내용을 알고자 하는 분은 간경도감 발행, 석묘각 스님 지음 '아가야 용서해 다오'를 구입해서 보시기 바람.)

　절실한 참회의 마음과 진실한 천도의 마음을 내어 사경과 사불의 기도를 49일 동안 행하는 것이 가장 이상적입니다.
　사경신앙의 근본은 1자1불一字一佛의 신앙이며 경전의 한 글자 한 글자가 바로 한 부처님이라는 가장 공경스러운 믿음으로 한 점 한 획에 불상을 조성하는 정성으로 서사하여야 합니다.

한편의 사경과 사불이 끝나면 경문 옆에 '태아령왕생정토발원'이라 쓰고 사경일자와 본인이 이름을 씁니다.

오늘날 우리는 뒤집혀진 가치관 아래 온갖 죄악과 삿된 소견이 가득찬 오탁악세의 시대에 살고 있습니다. 지장보살은 바로 죄업과 질병으로 신음하는 죄업 중생들의 자애로운 어머니로 존재하고 계십니다.

아, 애욕과 죄악에는 빠지기 쉽고 공덕과 해탈은 이루기 어려운 덧없는 인간의 삶.

아, 지장의 마음을 알게 되면 인간의 한평생이란 당신의 이름만을 부르기에도 너무나 짧은 것을 …… 지극한 마음으로 '반야심경' 한편을 사경할 때 지옥의 고통이 멈추고, 지극한 정성으로 지장보살님 한 분을 그릴 때 지옥중생 한명이 해

탈하게 된다고 하니 열심히 사경과 사불
을 하시기 바랍니다. 그래서 더 많은 지
옥중생을 구제하시기 바랍니다.

제2장
태아령 천도에 대하여

오탁악세와 인간의 삶

편리하고 행복하게 살기 위한 문명이 발달할수록 인간의 번뇌와 불안 또한 커져가고 있습니다.

지구상에는 가뭄과 홍수, 천재지변과 대형사고들이 잇따라 발생하여 수많은 사람들이 이 세상을 하직하며 재산 때문에 자식이 부모를 죽이는가 하면 부모가 자식을 죽이는 일도 자주 생겨나고 있습니다.

세계적으로 온갖 테러가 발생하여 원한 관계도 없는 사람들을 무차별 살상하고 많은 사람들은 원인도 알 수 없는 질병에 시달리기도 합니다.

이러한 말세적인 현상을 불법에서는 오탁악세五濁惡世로 표현합니다. 말세가 되면 다섯 가지가 오염되어 범죄와 죄악으로 가득 찬 세상이 된다는 것이지요.

첫째는 겁탁劫濁 : kalpa-kassaya이니 시대와 환경이 오염되어 천재지변과 기상이변이 자주 발생하고 전쟁과 질병, 흉년으로 사람들의 불안과 고통이 많아지는 것입니다.

둘째는 견탁見濁 : drsti-kassaya이니 사람들이 진리의 삶에서 멀어지고 이해관계에 얽매어 온갖 삿된 소견이 난무하게 되는 것입니다.

셋째는 번뇌탁煩惱濁 : klesa-kasaya이니 정보화 시대를 맞이하여 몰라도 될 소식과 부정적인 뉴스의 범람으로 인간의 생각 자체가 거칠어져 갖가지 탐욕과 원한의 감정이 점점 커져가는 것입니다.

넷째는 중생탁衆生濁 : sattva-kasaya이니 사람들이 맛있는 음식과 편리한 환경에 익숙해져 불편함을 견디지 못하는 것입니다.

인내심이 적어지고 경박해져 인간의 근
기와 자질이 저하되는 것입니다.

　다섯째는 명탁命濁 : ayus-kasaya이니 인간의
삶 자체가 불안하여 항상 죽음의 공포에
시달리게 되는 것입니다.

　현대문명의 병폐를 오탁악세라는 한
마디에 함축적으로 표현하고 있습니다.
사람들간의 인정과 친절은 점점 메말라
가고 사회혼란은 커져 가니 사회학자들
은 이 시대의 문제를 여러 가지 원인을
들어 설명하지만 근본적인 원인은 두 가
지로 요약할 수 있습니다.

　첫째는 살아있는 사람들이 자기 욕망
을 다스리지 못하기 때문이고, 둘째는 억
울하게 죽은 영혼들이 제 갈 길을 가지
못하고 원망과 분노의 파장을 이 세상에
방사하기 때문이라는 것이지요.

　인도의 성자 '간디'는 말하였습니
다.

"지구의 자원은 인간의 생존을 위해서는 부족함이 없지만 인간의 탐욕을 채우기에는 턱없이 부족하다."

인간은 삶을 통하여 분수를 지켜 절제된 생활을 해야 하고 인연 있는 영가들을 천도 해탈시켜 산 자와 죽은 자가 함께 고통에서 벗어나는 길을 닦아야 합니다.

대원사에서는 주말수련회를 베풀어 출가수도생활을 체험하여 다스려진 마음의 행복을 맛보게 하고 백일기도를 통하여 태아령의 천도재를 봉행하고 있습니다.

태아령이란 낙태유산아의 영혼을 지칭하는 말입니다.

어린 영혼들의 울부짖음

우리나라에서 한 해에 태어나는 어린이가 65만 명이라고 합니다. 그런데 이 세상의 빛도 보지 못하고 가장 안전한 어머니의 뱃속에서 죽임을 당하는 생명이 1백 60만이 되고 비공식적으로 행해지는 중절수술까지 생각하면 그 숫자는 더욱 늘어날 것입니다.

대형사고 뒤에는 죽은 가족과 자식의 보상을 받기 위한 협상이 이루어지나 뱃속에 든 자식은 병원에 돈을 바쳐가면서 지워(죽여)달라고 부모가 부탁을 하는 세상이니 이 얼마나 안타까운 일입니까.

안 죽으려고 발버둥치는 아기의 죽음을 외면한 채 날카로운 수술기구에 의해 찢기고 잘리운 채 쓰레기처럼 내던져지는 아기들의 영혼은 부모를 원망하고 세상을 저주하며 구천九天을 떠돌게 됩니다.

우리 주변에 원인을 알 수 없는 질병에 시달리는 사람은 90% 이상이 낙태아의 영혼과 관계된다고 합니다. 그것은 자기에게도 관심을 가져달라는 어린 영혼의 피맺힌 울부짖음이라고 하는군요.

또한 낙태아의 영혼은 해가 지날수록 그 힘이 커지면서 불임을 조장하고 기형아, 정박아를 낳게 하며 부부간의 불화를 조성하고 교통사고나 회사를 도산시키기도 합니다.

낙태아의 영혼과 관련된 많은 사례가 있지만 그 중 몇 가지만 소개해 보겠습니다.

서울의 고3 조모양이 유서도 없이 자살하였습니다. 대학입시의 강박관념 때문에 자살했으리라 여겼던 가족들은 죽은 딸의 일기에서 엄청난 사실을 알게 되었습니다.

자살하기 2주전부터 써놓은 일기에는 매일 밤 꿈에 한쪽 팔이 잘리고 머리가 부숴진 갓난아기가 '언니' 하고 부르며 조양의 목을 누르기도 하고 다리를 잡아당기기도 한다고 쓰여 있었습니다.

때론 그 아기에게 쫓겨 물에 빠져 피 같은 것을 마시기도 하고 자기 목을 누르며 즐거워하는 아기 때문에 잠자는 것이 무섭고 더 이상 살 수 없을 것 같다고 쓰여 있었습니다.

이것은 낙태아의 영혼이 딸에게 나타난 경우입니다.

태아령의 일곱 가지 현상

집안에 인공 유산된 영혼이 있을 경우 유산된 영혼의 영향으로 형제 중 누군가 이해하기 힘든 행동을 하게 됩니다.

그 중 일곱 가지 공통현상을 여기에 소개해 보겠습니다.

첫째, 소중한 시기에 무기력해지며 한창 공부할 시기의 자녀가 등교거부를 한다거나 죽고 싶어 하는 현상이 생깁니다. 그것은 이 세상에 태어나려고 할 때 갑자기 살해되어서 아무것도 할 수 없게 된 낙태당한 영혼의 슬픈 모습입니다.

둘째, 어두운 곳을 좋아하게 되는데, 그것은 낙태한 영혼이 어두운 곳에서 방황하고 있는 슬픈 모습이라 할 수 있습니다.

셋째, 어린이나 유아가 좋아하는 과자와 우유를 마구 먹으려 하는데, 그것은 저 세상에서 배고파하는 낙태된 영혼의 안타까운 모습입니다.

넷째, 손과 발이 차가워지는 것은 알몸으로 버려진 낙태된 영혼의 비참한 모습입니다.

다섯째, 부모에게 대들고 반항하게 되는데, 그것은 자기를 죽인 것에 대한 반항으로 미워하거나 부모를 죽이고 싶은 낙태된 영혼의 분노한 모습입니다.

여섯째, 친구들과 어울리지 못하고 부모 형제들과 함께 있어도 자신은 고독해서 견딜 수가 없다고 하는데, 그것은 부모로부터 버림받고 세상으로부터 외면당한 낙태된 영혼의 괴로워하는 모습입니다.

일곱째, 돈을 마구 써 버리는 상황은 자기가 성장할 때까지 필요한 금액을 물 쓰듯이 써버리고 싶어 하는 낙태된 영혼의 당돌한 모습이라고 할 수 있습니다.

제가 태아령 천도에 관심을 갖게 된 것은 몇 가지 이유가 있습니다.

그 중 첫 번째는 10년 전 서울 '마리아수녀회'에서 보급하는 '침묵의 절규'라는 비디오를 보고나서입니다.

비디오의 내용은 병원에서 인공유산 시키는 장면을 초음파영상으로 촬영한 것이었습니다.

3개월 된 태아가 양수에서 놀고 있다가 날카로운 수술기구가 들어오자 깜짝 놀라 자궁벽으로 피해 달아나고, 달아나는 태아의 머리를 겸자로 잡아 부숴버리는 화면을 보는 순간 나는 졸도하고 말았습니다.

지금 생각해 보면 과거 전생에 나도 그와 같은 죽임을 당했을 것 같았기 때문입니다. 그 이후 '너희들의 불쌍한 영혼은 내가 구해주마' 하는 씨앗이 마음속에 싹튼 것 같습니다.

두 번째는 7년 전 일본 불교를 견학하면서 경내에 빨간 턱수건을 하고 있는 특이한 동자상들을 보았다. 그것이 낙태 유산아의 영혼을 천도시키기 위한 태안지장_{胎安地藏}이라는 것을 알았다.

부처님의 자비와 지장보살의 원력에 의지하여 씻을 수 없는 부모의 죄업을 참회하고 태아영가의 해탈을 기원하는 마음으로 '지장보살'을 염불하지 않을 수 없습니다.

아! 죄업중생의 어머니
지장보살, 지장보살, 지장보살이시여
한 방울의 눈물로써 모진 죄업 씻어주고
한 방울의 눈물 속에 아픈 상처 스러지네.

지장보살 멸정업진언
옴 바라 마리다니 사바하

제3장

천도예문

태아영가 축원문

그간인연 지극하여 아미타불
원력으로 태안지장 강림하셔
세상모든 어미들에 마음열어
참회하라 법당열어 부르시네
이런저런 인연이며 핑계댈일
많지만은 지극참회 발원하면
못이룰일 무엇일까 세상에서
가장넓은 어미가슴 활짝열고
다시한번 돌아보아 참회발원
하옵소서 살기힘든 지난세상
무지하여 저지른일 지금다시
돌아보아 참회하며 발원하소
아이들아 미안하다 정말정말
미안하다 그동안의 고통들을
태안지장 의지하여 순간으로

잊게하마 아미타불 가피력에
수기받아 거듭나라 탐진치에
어둔마음 세상고락 헤매느라
너희들을 잊었구나 오늘이곳
기도받아 아미타불 품안으로
옮겨가는 순간찰라 부처님의
가피력에 영생의길 가고지고
여기피운 향한촉은 너희마음
정화하고 여기밝힌 초한등은
너희길을 밝힘이니 우유한잔
목을축여 오늘기도 지극정성
마음속에 깊이새겨 마음열고
눈을떠서 삼십삼천 극락세계
부처님을 친견하여 너희갈길
찾아가라 우주천지 법계간에
의지할곳 오직한길 부처님길
하나이니 아무곳도 찾지말고
영생의길 따라가면 극락세계
그곳이다 어서어서 따라가라

서방정토 극락세계 아미타불
품안으로

나 · 무 · 아 · 미 · 타 · 불

정토다라니

"나무 아미 다바야 다타가다야 다디야
타 아미리 도바비 아미리다 싯담바비 아
미리다 비가란제 아미리다 비가란다 가
미니 가가나 깃다가례 사바하"

(위 진언은 마음속의 나쁜 번뇌와 전
쟁의 죄업을 없애주는 아미타불의 가피
력이 깃든 진언입니다. 자신의 두터운 업
을 맑히고 인연영가들의 해탈을 원하면
정토다라니를 10만 번 독송하십시오.)

진언의 공덕
① 전생의 원한 맺힌 영혼이나 태아영혼
   들을 죽음의 길에서 정토세계로 이끌
   어 준다.

② 금생의 죄업과 전생의 업장을 가볍게
해준다.

③ 원수를 다시 만들지 않고 현세의 안
락한 삶을 얻게 된다.

④ 임종 시에 정념을 잃지 않고 염불왕
생을 성취하게 된다.

⑤ 아미타 부처님께서 염불행자의 이마
위에 머물면서 모든 삿된 기운을 막
아준다.

⑥ 정토다라니를 마음속에 간직하면 깨
끗하고 착하고, 아름답고 성스러운 부
처님의 마음자리가 깨어나게 된다.

기도가 가져다주는 삶

대다수의 사람들은 삶을 영위하면서 무명에 가리어 몸과 입, 그리고 마음으로 자신도 모르는 사이에 크고 작은 죄업을 짓고 살아갑니다.

그러나 진정 안타까운 것은 그런 행위를 하면서도 스스로 깨닫지 못하고 있다는 것입니다. 늘 자신의 마음을 적어도 하루에 한번 정도는 잘 살피어서 잘못된 점은 진실된 마음으로 기도를 하며 뉘우치고 참회하며 올바른 삶을 살아가기를 서원 하면 하루하루가 즐겁고 복된 생활이 될 것입니다.

- 하일 스님 글 중에서 -

1967생 스님은 송광사 청현 스님을 은사로 보성율사를 계사로 사미계수지 송광사 강원 졸업.

통도사 청하율사를 계사로 비구, 보살계 수지. 현재 선원 정진 중.

지장기도법

초판 1쇄 인쇄 2000년 7월 20일
인쇄 4쇄 발행 2018년 7월 15일
지은이 현장스님 외
펴낸이 김재광
펴낸곳 솔과학
주소 서울시 마포구 독막로 295, 302호(삼부골든타워)
전화 (02) 714-8655
팩스 (02) 711-4656
E-mail solkwahak@hanmail.net
출판등록 제 10-140호 1997년 2월 22일

ISBN 979-11-87124-39-9